イノベーション&マーケティングの経済学

金間大介
山内　勇 [著]
吉岡(小林)徹

中央経済社

はじめに

本書の目的と読者層

　本書を手に取った皆さんは，おそらくイノベーションやマーケティングというものに関心があり，巷では多くの人が，実に様々な観点からこれらの議論や分析を行っているのを目にしていることでしょう。特に「イノベーション」については，勉強すればするほど，当然理解は深まるのだけれど，ますます捉えどころがなくなってくる気がします。それは，イノベーションの研究がまだイノベーション「論」であり，体系的に整理されたイノベーション「学」に達していないためかもしれません。

　本書は，この捉えどころのない「イノベーション」というものの大枠を、まず理論的に明らかにします。そのうえで、中身であるプロセスの詳細について，マーケティング論や技術経営論，組織論の知見を活用して，体系的に整理していきます。その意味で本書は，イノベーション論を，学際的なイノベーション学に近づけるための試み，といってもよいかもしれません。

　したがって，本書の主な読者層としては，イノベーションを学際的かつ体系的に学びたい方，特に，大学で経営学あるいは経済学を学ぶ学生や，教養としてこれらを学ぶ必要のある社会人，実際にマネジメントを行う経営者の方々を想定しています。

本書の使い方と概要

　本書の使い方は大きく分けて2通りあります。1つは，本書の順序通り読み進めていく方法で，もう1つは，目次にこだわらず，特定のテーマに関連する章をまとめて読んでいく方法です。前者は，イノベーション・プロセスの全体像を流れの中で学びたい方向け，後者は，あるフェーズについて多様な観点から深く理解していきたい方向けの読み方です。

　本書は3部構成になっています。第Ⅰ部では，イノベーションの本質を，理論的に解説しています。企業がなぜイノベーションを目指すのか，そして，そ

のプロセスがどう分解できるのかといったことについて説明しています。やや抽象的な議論になりますが，そこでは，究極的には企業の目的が，イノベーションの実現確率を高め，実現したときの利潤を大きくすることだとわかります。そしてそのための具体的な方法を，第Ⅱ部と第Ⅲ部で解説していきます。

　イノベーションを実現し利潤を増やすには，製品・サービスの差別化を図り，付加価値を高め，それを普及させる必要があります。そうした一連のプロセスをマネジメントする手法は，マーケティングの分野で大きく発展してきました。第Ⅱ部では，このマーケティング論の展開を解説しています。その際，既存のマーケティング論の紹介にとどまらず，別の知識体系として発展してきた技術経営論との融合も試みています。

　第Ⅲ部では，イノベーションの源泉となる知識や創造性のマネジメントについて説明しています。どのようにイノベーションの源泉を増やしていくか，また，そこから生まれてきた知識をどう保護し利潤を高めていくかといったことについて議論しています。そこでは，技術経営論や組織論の考え方が活用されています。

　第Ⅱ部と第Ⅲ部では，ケース・スタディもふんだんに紹介されており，様々な理論が具体的なイメージをもって理解できるよう工夫されています。その意味では，第Ⅱ部と第Ⅲ部を先に読んで，最後に全体像を把握する目的で第Ⅰ部を読むという使い方もできます。

　このように，本書は，イノベーションを軸として，そのプロセスの各段階に対応した様々な理論を融合させ，全体の流れを体系的に学べるようにしてあります。その試みが成功しているかどうかは，読者の皆さんの評価を待たねばなりません。しかし，本書が皆さんのイノベーションに対する理解や関心を深め，また，知的好奇心を満たすことができれば，このうえない喜びです。そして，本書がイノベーション学の構築に少しでも貢献できることを願っています。

2018年11月

金間　大介
山内　勇
吉岡（小林）徹

目　　次

はじめに………… i

序章　イノベーション・プロセス —————————————1

 0.1　イノベーションとはなにか／3
  0.1.1　本書の「イノベーション」の捉え方＝「創造的な成果を起点にして，価値を生み出すこと」／3
  0.1.2　本書にいうイノベーションの例／5
 0.2　なぜイノベーションから収益化までの道のりが重要か／9
 0.3　創造的な成果からイノベーション，そして収益化までの道のり／10
  0.3.1　創造的な成果を製品・サービス化する／11
  0.3.2　製品・サービスを差別化し価値につなげる／11
  0.3.3　価値の源泉を活用し，収益につなげる／11

第Ⅰ部　イノベーションの経済学
　　　　—理論的見地から

第1章　経済学とイノベーション ————————————— 14

 1.1　経済学における企業の目的／15
 1.2　経済学における企業の行動／16
  1.2.1　企業行動／16
  1.2.2　利潤最大化／17
 1.3　イノベーションと利潤／19
 1.4　市場とイノベーションの関係／20
  1.4.1　競争市場均衡の効率性／20
  1.4.2　市場構造とイノベーションの関係／22

1.5　イノベーションのインセンティブ／24
1.5.1　市場構造とイノベーション／24
1.5.2　産業の発展段階とイノベーション／27
〈コラム　ファイブフォースと完全競争市場〉／28

第2章　付加価値の経済理論 ────────── 30
2.1　プロセス・イノベーションと生産性／30
2.1.1　経済学におけるプロセス・イノベーションの描写／30
2.1.2　労働生産性と全要素生産性（TFP）／33
2.1.3　生産関数からのTFPの導出／34
2.2　プロダクト・イノベーションと製品差別化／36
2.2.1　製品差別化による独占的利潤の獲得／36
2.2.2　製品とは／37
2.2.3　垂直的製品差別化と水平的製品差別化／38
2.2.4　製品差別化と市場シェア／39
〈コラム　マークアップ率〉／45

第3章　イノベーションの源泉をもたらす消費者 ───── 47
3.1　消費者の効用と購買プロセス／47
3.2　ニーズ・プルとシーズ・プッシュ／50
3.3　消費者の役割／52
3.3.1　イノベーションの主体／52
3.3.2　ロジャースのイノベーター理論／53
3.3.3　ユーザーイノベーション／54
3.3.4　ユーザーイノベーションによる市場の形成／55

目　次

第Ⅱ部　イノベーション・マーケティング
―競争力強化を目指したマーケティング戦略立案のために

第4章　差別化と市場創造へのアプローチと課題
―古典的マーケティング論の再考とイノベーション論との融合― 60

4.1　マーケティングとマーケティング・リサーチ／61

4.2　マーケティングとイノベーションの違い／63

4.3　マーケティング・コンセプト／65

　4.3.1　プロダクト志向・シーズ志向／66

　4.3.2　販売志向／67

　4.3.3　ニーズ志向・顧客志向／67

　4.3.4　社会志向・絶対価値志向／68

4.4　イノベーションのジレンマ（破壊的イノベーション）／70

4.5　プロダクト・ライフサイクルとコモディティ化／72

　4.5.1　導入期の特徴／73

　4.5.2　成長期の特徴／74

　4.5.3　成熟期の特徴／75

　4.5.4　衰退期の特徴／76

4.6　コモディティ化とその対策の新たな展開／77

4.7　オープン・イノベーションとクローズド・イノベーション／78

第5章　付加価値の創出プロセス ── 82

5.1　経済学における付加価値とマーケティングにおける付加価値の違い／83

5.2　付加価値を高める／85

　5.2.1　モノとしての価値／86

　5.2.2　情報としての価値／89

Ⅲ

5.2.3　体験としての価値／95
　5.3　多様化する価値：マス・プロダクションからパーソナライゼーションへ／96
〈ケース　チョコレート菓子における高付加価値化〉／87
〈ケース　納豆市場の拡大〉／91
〈ケース　日本酒産業の多様化への対応と成果〉／98

第6章　事業機会の発見と差別化の追求 ―――― 105

　6.1　アンゾフの4つの戦略／105
　　6.1.1　市場浸透戦略／107
　　6.1.2　市場拡大戦略／107
　　6.1.3　新製品開発戦略／109
　　6.1.4　多角化戦略／111
　6.2　マーケティングの手順と構成要素／114
　6.3　マーケティング・リサーチ／115
　　6.3.1　定量調査／116
　　6.3.2　定性調査／117
　　6.3.3　実験／118
　6.4　セグメンテーション／119
　　6.4.1　人口動態的特性（デモグラフィック）／119
　　6.4.2　社会心理的特性（サイコグラフィック）／120
　6.5　ターゲティング／120
　6.6　ポジショニング／122
　6.7　マーケティング・ミックス（4つのP）／127
　　6.7.1　チャネル戦略／127
　　6.7.2　価格戦略／131
　　6.7.3　プロモーション戦略／134
〈コラム　マーケットサイズのわかりやすい測り方と戦略立案への応用〉／112
〈ケース　カルビーの市場支配力〉／124
〈コラム　ブラックな価格戦略：TEDトークより〉／139

第Ⅲ部　イノベーションの収益化とマネジメント

第7章　付加価値の保護 ———————————— 144

7.1　付加価値を守る必要性／144
　7.1.1　模倣品・海賊版発生の可能性／144
　7.1.2　追随者（コピーキャット）の優位性／146
7.2　知的財産権制度とその主要な制度の概要／147
　7.2.1　知的財産権制度のエッセンス／147
　7.2.2　特許制度の概要／149
　7.2.3　商標制度の概要／150
　7.2.4　意匠制度の概要／151
　7.2.5　著作権制度の概要／151
　7.2.6　不公正な競争行為の禁止（営業秘密の保護，誤認・混同を招く標識の禁止，形態模倣の禁止）／152
7.3　イノベーションの種類に応じた知的財産権による保護手段の選択／155
　7.3.1　技術的なイノベーションの保護／155
　7.3.2　デザインのイノベーションの保護／157
　7.3.3　顧客とのコミュニケーション手段のイノベーションの保護／158
7.4　知的財産権制度によるイノベーションの専有の限界／160

〈コラム　中国の知的財産権保護とこれからの日本のイノベーターに求められる対策〉／145
〈コラム　技術流出のもう1つの大きなチャネル〉／155
〈ケース　ＴＯＴＯほか「光触媒」〉／156
〈ケース　子村荘園社『金魚ティーパック』〉／158
〈ケース　「くまモン」〉／159

第8章 ブランディング ── 163

8.1 「ブランド」とはなにか？　どう使えるのか？／163
- 8.1.1 ブランドの定義／163
- 8.1.2 ブランド創出のための戦略と実行／168
- 8.1.3 既存のブランドを使ったブランドの生み出し方・広げ方／171

8.2 イノベーションとブランド／172
- 8.2.1 イノベーションの種類に応じたブランド戦略と既存ブランドとの関係が生む罠／172
- 8.2.2 新しい製品・サービスを生み出したときのブランド戦略と罠／173
- 8.2.3 既存の製品・サービス自体やその製造・流通手法を改良したときのブランド戦略／174

8.3 マーケティング，ブランディングの手段としてのデザイン／175
- 8.3.1 デザインの定義とデザインが重要な理由／175
- 8.3.2 デザインの役割／176
- 8.3.3 近年のデザインの価値の高まり／177

8.4 イノベーションとデザイン／179
- 8.4.1 デザインによるプロダクト・イノベーション／179
- 8.4.2 デザインによるマーケティングのイノベーション／179
- 8.4.3 イノベーションを伝えるためのデザイン／181
- 8.4.4 イノベーションのためのデザイン活動／182

〈ケース　製造・流通方法の変化により顧客の受け止めが変わった例〉／174
〈ケース　明治『明治ザ・チョコレート』〉／180
〈ケース　ダイソン社・サイクロンクリーナー〉／181
〈ケース　三菱電機・蒸気レス炊飯器〉／183

第9章 イノベーションの源泉の創出を促すためのマネジメント ── 186

- 9.1 個人の創造性／186
- 9.2 組織としての創造性とイノベーションの価値の認知／187

9.2.1　イノベーションの価値が理解されない要因／188
　　9.2.2　イノベーションの価値の理解の不足を乗り越える方法論／190
　9.3　組織としての知識の獲得／195
　　9.3.1　組織内の知識の共有と創出：知識のマネジメント／195
　　9.3.2　産学連携による知識の獲得／199
　　9.3.3　オープン・イノベーションの活用／200
　9.4　組織内・組織間での合意形成／200
〈ケース　レゴの復活〉／194

さらなる学びのために／203
おわりに／207
索引／209

序章

イノベーション・プロセス

　本書はイノベーションを生み出し，それを収益につなげるまでの流れと，流れの中でのそれぞれの段階で何が意識されるべきかを伝えることを目的としている。本書が重視しているのは「流れ」である。

　現象には必ず理由がある。イノベーションを起こすことも，収益を上げることも，運だけで決まるのではなく，合理的な理由があって成功と失敗の確率がそれぞれ高まっている。本書では，イノベーションについての根源的な理解と，イノベーションを無謀な挑戦やアイディアの死蔵にとどめないための学術的な知見を簡潔に伝えたい。

　本書では，収益の側から眺めると理解がしやすいと考え，流れの最下流から上流にさかのぼっていく形をとる。図表０－１ではそれぞれの流れと，それの基盤となる活動を示し，さらにそれに対応する本書の部，章を表示している。

　イノベーションについての書籍は多い。ただ，多くの場合，実務からの経験か，特定の学術分野からの視点のみになっているか，流れの一部を学際的に深掘りしたものである。それらによって，イノベーションの「流れ」の一部を深く知ることはできるのだが，全体像が見えにくい。そこで我々は，流れとして一体的に伝えること，同時に，複数の学術分野からの視点を交えること，この２つで読者が全体像を自身の中で描けるように工夫した。

図表0-1　イノベーションの創出から収益までの道のり

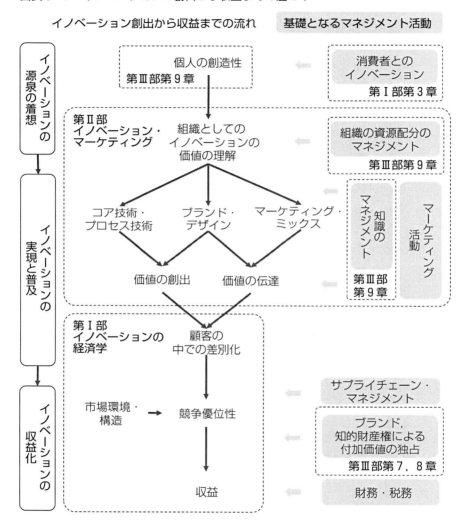

0.1 イノベーションとはなにか

0.1.1 本書の「イノベーション」の捉え方＝「創造的な成果を起点にして，価値を生み出すこと」

(1) イノベーションの語の使われ方

　最初に確認しなくてはならないのが「イノベーションとはなにか」である。言葉は，人によって異なる意味で捉えていることが少なくない。「イノベーション」もそのような言葉の1つである。主要な使われ方は少なくとも6種類ある。

- 革新と捉えるもの
- 価値の創出と捉えるもの
- 革新，かつ，それによる価値の創出と捉えるもの
- 技術の革新と捉えるもの
- 不連続な革新と捉えるもの
- 不連続な革新，かつ，それによる価値や市場の創出と捉えるもの

　この6種類は，「革新」に何らかの条件を求めるのか，また，価値の創出を求めるのかが大きな違いである。例えば，イノベーションのマネジメントについての優れた概説書である一橋大学イノベーション研究センター（2017）『イノベーション・マネジメント入門』では，イノベーションについての著名な学者であるヨーゼフ・シュンペーター教授による定義を参照しつつ「社会に価値をもたらす革新」と定義している。これは「革新，かつ，それによる価値の創出と捉えるもの」に当てはまる。

　他方，国際機関の経済協力開発機構（OECD）では，各国のイノベーション活動を把握するために，イノベーションについての統一の定義を用意し，オスロ・マニュアルという文書で公表している。2005年のマニュアルでは，「イノベーションは，(1)新しいか顕著な進歩を伴う製品・サービスやプロセス，(2)新たなマーケティング手法，(3)ビジネス，職場，組織外との関係に関する新たな組織内の手順」であるとされている。同マニュアルには「少なくとも新規なも

のであることが最小限の要件である」と定めている通り，ビジネスに関わる「革新」であればよいと捉えているようである。ただし，イノベーションの「普及」が重要であることも述べており，価値の創出の重要性も指摘している。

(2) 本書での「イノベーション」の定義

本書は，イノベーションが収益につながるまでの流れを問題にするため，そもそも価値を生み出すものでなければ意味がないと考えている。そこで，本書では「革新，かつ，それによる価値の創出と捉えるもの」をイノベーションとして捉えていきたいが，「革新」の語が「不連続な革新」や「大きな飛躍」を指すものと誤解される可能性がある。そこで，「創造的な成果を起点にして，価値を生み出すこと」という定義を使いたい。

なお，イノベーションを「技術革新」と翻訳する時代が長く続いていたため，イノベーションには技術的要素が不可欠であると捉える識者もいる。実際，上記のOECDのマニュアルの初期の版でも技術的なイノベーションが強調されていた。しかし，現在はそのような限定をつける見方は一般的ではない。そのため，本書でもイノベーションには非技術的な創造的な成果を起点としたものを含むものとする。

図表0-2　本書でのイノベーションの定義

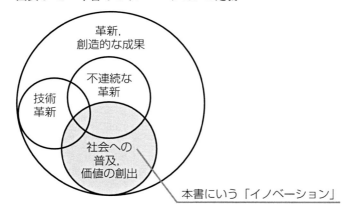

0.1.2　本書にいうイノベーションの例

(1)　技術を起点にしたイノベーション

　イノベーションは，技術的なイノベーションだけに限るものではないと述べたばかりであるが，技術的なイノベーションが大きな影響力を持っていることもまた事実である。技術起点のイノベーションのうち，世界に大きな影響を与えたものは無数にある。一例が，歴史の教科書で誰もが目にする第3次産業革命を支えた発明，蒸気機関である。蒸気機関は，鉱山の坑道の中に溜まってしまう水を汲み上げる装置の動力源として開発された。それまで人力か家畜に頼らざるを得なかったことを考えると，自動でできるということは革命的だった。1710年ごろにトーマス・ニューコメンによって発明され，その後，1770年代にジェームズ・ワットによる改良を経て，1800年代には蒸気機関車としての利用や製造装置での利用など，幅広く普及した。

　近年では第4次産業革命と呼ばれる社会の変革が生じている。人と物の状態や動き，さらには人の感情が先読みされ，あらゆるものが効率的になり，また，これまでできなかったことができるようになってきた。これを可能にしたのが，機械学習を中心としたコンピュータ科学の成果であり，無線通信を中心とした通信技術である。数十万件の特許技術がこれらを支えている。巨大な発明の集合体を起点に起きているのが，第4次産業革命と呼ばれるイノベーションなのである。

　ワットの発明も第4次産業革命を支える技術も，その当時としては新しい技術であったため，新しい技術を起点としていることが条件と思われがちであるが，既存の技術の組み合わせが核となっているイノベーションも存在する。その典型的な例が，中国で普及した電子通貨の『Alipay』や『WeChatPay』，それからインドで広く利用されている『paytm』である。このイノベーションは，スマートフォン，日本のデンソー社が開発したQRコード，そして，決済データの安全かつ高速な通信と処理という既存の技術が組み合わさって成り立っている。

(2) **感性的な価値を起点にしたイノベーション**

　技術を起点としたイノベーションの場合，私たちが感じる価値は「便利である」「効率的である」といった価値が中心になる。このような価値は人によってその捉え方が大きく異なることはない。ところが，「格好いい」「楽しい」「かわいい」「特別な感じがする」という価値は人によって大きく評価が異なる傾向が強い。このような感性的な価値も製品やサービスの魅力となっている。

　その一例が，良品計画社の『無印良品』ブランドで展開される製品群である。非常にシンプルな機能，外観，包装で家電，家具，キッチン用品，衣服，食品を展開する同ブランドは，いま世界で500店舗近くを展開している。もともとは「わけあって，安い」というコンセプトの下，安くて良い商品を提供するために，大手流通企業のプライベート・ブランドとして始まったものである。いつしか，そのシンプルさが高く評価されるようになった。しかし，その製品は最小限の装飾にとどまっているため，人によっては好みが分かれるものだろう。

　サービス業での近年の目立った感性的なイノベーションの一例は，メイドカフェだろう。2001年に登場した秋葉原のメイドカフェは，日本を訪れる外国人旅行者の口コミで上位に登場する観光地になっている。店員がメイドになりきって給仕をしてくれるところが新しく，訪れた客は「楽しい」であったり

図表０−３　無印良品のテープディスペンサー（2017年グッドデザイン賞受賞）

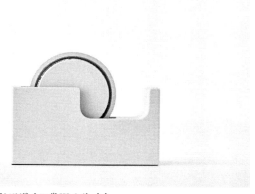

（出所）　グッドデザイン賞Webサイト

「萌え」であったり，非常に感性的な点に価値を感じる。一方で，このような雰囲気が苦手な客には全く価値が感じられない。これが感性的なイノベーションの特徴である。

(3) 両者の組み合わせのイノベーション

イノベーションの中には，機能面での価値を提供しているだけでなく，同時に，感性的な価値を提供するものもある。ダイソン社の羽なし扇風機はその一例だろう。従来の製品では当たり前だった羽を取り除くことで，乳幼児や身体が不自由な人などを中心に指を怪我する可能性が大きく下がった。しかも，掃除も簡単になった。それだけではなく，未来的な印象を与える外見も高く評価された。

一見すると感性的な価値が中心の産業でも，イノベーションが技術的な発明と感性の組み合わせで生まれている場合があることは忘れてはならない。例えばゲーム産業が一例である（一小路, 2017）。オンラインでのゲームが主流になっているが，その背景には同時に何十万人ものデータを瞬時に処理をし，かつ，ユーザーを飽きさせないための定期的なアップデートを容易に可能にするシステムの構成の仕方についての技術的な工夫が存在する。

図表0-4　ダイソン社羽なし扇風機

（出所）ダイソン社Webサイト

(4) 意味のイノベーション

　イノベーションの中には，これまでになかった価値観を提供するものがある。一例が，エジソンの蓄音機である。音楽はライブで演奏されるものを楽しむことが当たり前であったときに，「好きなときに音楽を聴く」という体験を作り出し，新たな価値観を作り出した。

　これにさらなるイノベーションを加えたのが，1979年に発売されたソニーの『ウォークマン』である。『ウォークマン』は，その商品名が表しているように「歩きながら音楽を楽しむ」という価値観を作り出した。音楽の録音と再生が両方可能で，かつ，携帯可能なテープレコーダーはすでに存在していたが，歩きながら聴くことに特化した製品は新しく，すぐには市場から理解されなかった。実際に使っている場面を宣伝するなどしてその価値を伝えた結果，世界的なヒットに至った。新しい価値観はすぐに理解されないが，ひとたび理解が得られると爆発的に広がる可能性を秘めている。

図表０-５　携帯音楽再生機器を巡る主なイノベーションの変遷

年	イノベーション	生み出した価値
1877	エジソンの蓄音機	世界初の音楽の録音・再生機器。「媒体に記録された音楽を好きなときに聴く」という価値を創出。
1950年頃	自動車搭載レコードプレーヤー	「車で移動中に媒体に記録された音楽を好きなときに聴く」という価値を創出。
1979	ソニー社のウォークマン	携帯型音楽テープ再生機器。「移動中に媒体に記録された音楽を聴く」という価値を創出。
1999	ソニー社のネットワークウォークマン	インターネットから音楽をダウンロードする携帯型音楽再生機器。「複数の記録媒体を持ち歩く必要がない」という価値を創出。
2003	アップル社のiPod＋iTunes	携帯型音楽再生機器とインターネットでの音楽配信サービスの組み合わせ。「インターネットで音楽を買う」という価値を創出。
2008	スポティファイ・テクノロジー社のSpotify	音楽の定額ストリーミングサービス。「インターネットを通じて好きなときに好きなだけ音楽を入手する」という価値を創出。

同時に，価値観は後から出てきた別のイノベーションによって変化することがある。携帯音楽再生機器では新しい価値の創出が繰り返され，同時にその前のイノベーションの価値が下がるということが繰り返されてきた（図表0－5）。読者の中にはウォークマンがなぜ新しい価値観を生み出したのか理解が難しかった方もいるかもしれない。これは音楽配信サービスの登場とスマートフォンの普及によって，媒体に記録した音楽を専用の機器で再生する価値の重要性が低下しているからである。

0.2　なぜイノベーションから収益化までの道のりが重要か

　どのような不連続な創造も必ずしも実現し，普及するわけではなく，しかも，収益につながるとは限らない。
　不連続な創造が製品として実現しなかった例が，イノベーションの例として取り上げたダイソン社の羽根なし扇風機である。実はこのアイディアそのものは，東芝から1981年に特許として出願されていた。2009年にダイソン社が羽な

図表0-6　東芝の羽なし扇風機に関する特許出願（特開昭56-167897）

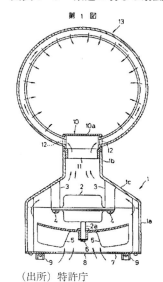

（出所）特許庁

し扇風機に関する特許を出願したときになって初めて，同じアイディアがすでに存在していたことがわかったのである。

大きな収益に常につながらないことを対照的に示す実例が，前述の蒸気機関である。ニューコメンの蒸気揚水装置は，その60年後のワットの蒸気機関の登場後もしばらく使われるほど普及したものであった。これだけを聞くと，ニューコメンは大成功を収めた人だと思われるだろう。ところが，ニューコメン自体は大きな収入を得られなかった。他方，ワットは投資家の協力を得て事業を拡大し，さらに特許によってその事業を守り，莫大な利益を得た。

イノベーションを普及させたにもかかわらず収益を得られなかった近年の事例は，日本の電機メーカー数社が主導的に規格化したDVDである。電機メーカーはDVD記録装置と再生装置で収益を上げることを期待し，企業間の利害を調整し，大容量の記録媒体の統一的な規格を作り上げたのだが，再生装置自体は台湾や中国のメーカーの安価な製品に押されてしまい，十分な収益を上げることができなかった（小川，2015）。

近年の研究では，むしろ追随をする者が有利ではないか，という議論もある（シェンカー，2013；井上，2017）。イノベーションには試行錯誤がつきものであり，そのための費用はイノベーションを起こした者が負うことになる。しかし，イノベーションに追随する者は試行錯誤の費用は負担せず，しかも，そこで浮いた費用は成功の論理を追い求めるためのさらなる試行錯誤に使うことができる。図表0－5にあるアップル社の『iPod』は大成功を収めたイノベーションであるが，同じようなアイディア自体は同じ表にあるソニー社の『ネットワークウォークマン』が商品化していた。

0.3　創造的な成果からイノベーション，そして収益化までの道のり

本書の第1章，第2章はなぜイノベーションが大事か，イノベーションの目的は何かを経済学の立場から学ぶ。その後の章では，創造的な成果から収益化に至るまでの道のりを，製品・サービスとして実現する段階，それを差別化の材料として価値につなげる段階，それを活かして収益につなげる段階の3つに

分けて論じる。ここではこれからの章の大まかな地図を紹介することにしたい。

0.3.1 創造的な成果を製品・サービス化する

　まず必要なのは新たな製品・サービスのコンセプトの種である。創造的なアイディアがきっかけとなってコンセプトに結びつく。この創造的なアイディアを生み出しやすくする方法の一部を，第9章で概観する。

　創造的なアイディアを思いついたとしても，まずはそれを製品やサービスにして市場に出さなければ価値は生まれない。新しい製品・サービスを作るには，様々な知識と人のつながりが必要になる。このとき「製品・サービスを実現するための知識や資源の獲得」「関係する人・組織の合意形成」の2つが求められる。なぜこの2つが重要かも含めて，第9章で考えていく。

　また，いくらアイディアが独創的でも市場が求めるものでなければ価値を生み出すことは難しい。市場機会を認識することも求められる。この方法は第6章で学ぶ。合わせて，市場起点で考えるのか，異なる立場で考えるのかの差異を第4章で触れる。

0.3.2 製品・サービスを差別化し価値につなげる

　製品・サービスが実現できる目処がたったとしても，そこから価値をより多く生み出すためには工夫が必要である。

　第一に重要なものが，付加価値そのものを高めることである。このときに核となる考え方を第5章で学ぶ。また，消費者の理解も欠かせない。第3章で消費者の行動に焦点を当てる。第二に，価値が顧客に伝わるような工夫を行うことも重要である。この方法を総合的に捉えるものが第6章で触れるマーケティング・ミックスである。

　これらの努力を積み重ねていくと，自然に顧客がその製品・サービスや提供元の組織に対して信頼をし，ときに強い愛着を持つようになる。これが第8章で議論するブランドである。

0.3.3 価値の源泉を活用し，収益につなげる

　価値を確立し，消費者から見たときに差別化されている商品・サービスが確

立できたとしても，そこから収益を得続けるためには，競合他社との関係が問題になる。競合他社にすぐに真似されるようなものでは，収益を得続けることは難しい。第7章では知的財産権による収益の維持について学ぶ。なお，収益を持続的に得られるようにするもう1つの方策として，関連するビジネスを営む組織と協力し，自組織にもその組織にも利益がある形で，自らのビジネスのあり方を維持・拡大することも有効である。この方法は，『ビジネスエコシステム』という概念（イアンシティ＆レビーン，2007; アドナー，2013）で捉えられている。ただ，ビジネスモデルとの関係は，それだけで別の本にならざるを得ないものであるため，専門書に委ねることとしたい。

■参考文献
（日本語文献）
一小路武安（2017）.『ハイブリッド製品の開発戦略——日本アニメーション産業の新技術と既存技術の統合マネジメント』有斐閣.
井上達彦（2017）.『模倣の経営学 実践プログラム版 NEW COMBINATIONS 模倣を創造に変えるイノベーションの王道』日経BP社.
小川紘一（2015）.『オープン＆クローズ戦略 日本企業再興の条件 増補改訂版』翔泳社.
一橋大学イノベーション研究センター（2017）.『イノベーション・マネジメント入門 第2版』日本経済新聞社.

（翻訳文献）
ロン・アドナー（著）＝清水勝彦（訳）（2013）.『ワイドレンズ——イノベーションを成功に導くエコシステム戦略』東洋経済新報社.
マルコ・イアンシティ＝ロイ・レビーン（著）＝杉本幸太郎（訳）（2007.）『キーストーン戦略 イノベーションを持続させるビジネス・エコシステム』翔泳社.
W・チャン・キム＝レネ・モボルニュ（著）＝入山章栄＝有賀裕子（訳）（2015）.『新版ブルー・オーシャン戦略——競争のない世界を創造する』ダイヤモンド社.
クレイトン・クリステンセン（著）＝玉田俊平太（監修）＝伊豆原弓（訳）（2011）.『イノベーションのジレンマ——技術革新が巨大企業を滅ぼすとき 補訂増補版』翔泳社.
オーデッド・シェンカー（著）＝井上達彦＝遠藤真美（訳）（2013）.『コピーキャット——模倣者こそがイノベーションを起こす』東洋経済新報社.

# 第Ⅰ部

イノベーションの経済学
――理論的見地から

　第Ⅰ部では，そもそもなぜイノベーションが必要なのか，何のためにイノベーションを起こすのかを考えたい。これに迫るには，体系的なフレームワークを持つ経済学の立場から理解したほうがよい。
　複雑な現象の本質だけを抽出し理解を深めるため，数式も少し使用している。苦手意識がある方は，数式は飛ばして読み進めても構わない。

第Ⅰ部　イノベーションの経済学

第1章
経済学とイノベーション

> 本章で学ぶ内容
> - 経済学のフレームワークにイノベーションがどう取り入れられるか？
> - 経済学において企業がイノベーションを起こす目的は何か？
> - 市場構造とイノベーションとの関係はどのようなものか？

　イノベーションの研究は特に経営学の分野で盛んに行われており，書店では経営学的な観点からイノベーションを扱った書籍が数多く並んでいるのを目にすることだろう。それに対して，経済学の観点からイノベーションを体系的に扱ったテキストは非常に限られている。もちろん，経済学の分野においても，経済成長とイノベーションの関係等については古くから分析されてきた。しかしながら，個別企業のイノベーション活動を，経済理論の枠組みに取り込む試みはまだまだ少ない。それは，近代経済学が，企業の戦略を価格と生産量に集約し，すべての調整が終わって変化がなくなる均衡状態を議論する枠組みで，数学的に「完成」してしまっていることも原因と思われる。こうした枠組みは，古い市場を破壊し，新たな市場を構築するというイノベーションのダイナミズムとは一見すると相容れないようにも見える。しかし，実は経済学の枠組みに，イノベーションを取り入れる余地は大いにある。そして，経済学の洗練された体系的理論を生かすことができれば，イノベーションの研究はさらに大きく進展するだろう。この章では，その第一歩として，まず，経済学のフレームワークを理解し，市場とイノベーションとの関係性について整理する。

1.1 経済学における企業の目的

　企業とは何かと聞かれたとき，利益を上げるための組織と答える人は多いのではないだろうか。例えば，会社法に基づけば，会社は「営利を目的とする社団法人」と解釈されることが多い。すなわち，一定の目的を持つ人が集まり（社団性），法人格を持ち（法人性），利益を目的に活動を行い，それによって得た利益を構成員に分配する（営利性）ものと解釈されてきた。重要なのは，メンバーが集まって利益を目的に活動しているという点であり，冒頭の「利益を上げるための組織」という答えとよく似ている。経済学でも多くの場合，「企業は利潤を最大にするよう行動する」ことを前提としている。

　他方で，現代経営学の創始者とも呼ばれるピーター・ドラッカーは，企業の目的は利益ではなく，「顧客の創造」であり，「社会的な役割を果たすこと」と言っている（Druker, 1954）。イノベーションを「社会的な価値を生み出すもの」と捉える見方も，この考え方と共通するところが大きい。企業が顧客の課題を解決する製品・サービスを提供することで，社会に付加価値が生まれる。したがって，企業はそうした製品・サービスの需要あるいは市場を作り出して，社会に貢献することが目的となるのである。

　もちろん，企業が役割を果たしていくためには，存続し続ける必要があり，そのためには利潤を上げる必要がある。そしてより大きな社会的役割を果たすには，事業規模を拡大する必要があり，より多くの利潤が必要になる。そもそも，なぜ顧客を惹きつける必要があるのかと問われれば，そうしなければ競争に負けて企業が存続できないからとか，十分な利潤が得られない（そのため，社会的役割が果たせなくなる）からといった答えになるはずである。当然，利潤を最大化するためには，売れる製品・サービスを提供する必要があり，そのためには消費者のニーズを摑むことが重要となる。したがって，ドラッカーの文脈においても，利潤を上げることは企業の目的を果たすための必要条件と考えることができる。そのため，企業行動を分析するにあたって，企業の目的を利潤最大化と仮定することは，多くの問題を共通のフレームワークで分析することができる点でメリットが非常に大きい。

社会的な役割というのは企業ごとに異なり，客観的に把握することも難しく，共通のフレームワークで分析することが難しい[1]。したがって，個別のケースを積み上げて一般化するという帰納的な分析手法が多く用いられる。それに対して，利潤最大化を仮定して演繹的な分析を行うことのメリットは，どのような状態が一番望ましいかという価値判断ができ，現在の状況がその望ましい状態なのかどうか，そうでないとするならばどうすれば望ましい状態に移ることができるのか，といった分析ができることである。

1.2 経済学における企業の行動

1.2.1 企業行動

現在，大学の学部で習う（ミクロ）経済学は，基本的には新古典派と呼ばれる学派の経済学である。そこでは，企業は利潤を最大にするように行動し，消費者は自分の効用（満足感）を最大にするよう行動することが仮定される。そして，そうした企業や消費者が集まって，「完全競争市場」で自由に取引をすると，一番望ましい状態が実現するというのが，基本的な定理である。

製品・サービスを市場に投入するまでに企業は，誰を対象にどう差別化を図りどこでどう売るかなど様々な意思決定を求められ，それは市場投入後の製品の普及率にも大きく影響するはずである。他方で，経済学が主に分析の対象とするのは，市場に投入した製品・サービスをいくらでどの程度供給するかということである。その際の行動基準は，前述の通り，利潤（＝総収入－総費用）の最大化である。

経済学では最初に，ベンチマークとして，最も望ましい状態が生じる条件を考えることが多い。そのうえで，その前提条件が変わった場合の影響を分析したり，現実を前提条件に近づけるための政策を考えたりする。ここでいう最も望ましい状態とは，パレート最適という概念が用いられることが多く，簡単に言えば，メンバー全員の効用（満足感）を同時に今より改善できない状態である。もう1つよく使われる望ましさの指標は，後述する「社会余剰（あるいは社会厚生）」と呼ばれる指標である。いずれの指標を用いても，社会的な望ま

しさが一番大きくなる条件とは，「合理的な経済主体が，完全競争市場と呼ばれる市場で，自由に取引をするとき」である。

　合理的な経済主体とは，基本的には，利潤を最大にする企業と，効用（満足感）を最大にする消費者のことである。重要なのは完全競争市場という条件で，それは具体的には，(1)財が同質的である（同じ市場で取引されている財は差別化されていない），(2)売り手と買い手が無数に存在する（個人の行動は市場に影響力を持たず，したがって価格も自分では決められない），(3)情報が完全（市場に参加している主体は等しく財の品質や価格などすべての情報を持っている），(4)参入と退出が自由，という条件である。

　こうした非現実的な市場が存在し，経済主体が合理的であれば，自由な取引の結果，社会全体の望ましさは最大になるということが，定理として数学的に証明されている。しかし，現実の市場は完全競争市場ではないことがほとんどである。例えば，ハンバーガーの市場を考えても，供給する企業は無数には存在しないし，店によってハンバーガーの味は違う（差別化されている）し，消費者がこの世の中で売っているすべてのハンバーガーの品質や価格を知っているなどということはないだろう。だからといって，この定理に意味はないかというと決してそうではない。望ましい状態がわかっていることが非常に大切なのである。それによって，初めて進むべき方向がわかる。現実の市場が完全競争市場と異なるのであれば，そこに近づけるような政策を取ればよいということになる。例えば，ある市場が独占的であれば，完全競争市場に近づけるために独占禁止法によって競争を促進することで，社会がより望ましい状態になるということがわかるのである。

1.2.2　利潤最大化

　完全競争市場では，個々の主体の影響力が小さすぎて，自ら価格を決めることができないため，市場の需給で成立する価格に従うしかない。製品が差別化されていないのに，自社製品に市場価格より高い価格をつければ売れないし，低い価格をつければ損をする。したがって，企業が事業戦略として決められるのは供給量だけである。当然のことながら，供給量を増やして利潤が増えるようなら供給量を増やせばよいし，供給量を減らしたほうが利潤が増えるなら供

給量を減らせばよい。最終的には，供給量を増減させても，それ以上利潤が増えなくなるところで供給量が落ち着くことになる。

下の図表1-1からもわかるように，そこから増減させると利潤が減ってしまうような生産量で，利潤が最も大きくなっている。これは数学的には，利潤関数の頂点を求めていることと同じであり，利潤関数の傾きが0になるような生産量を求めればよい。関数の傾きは微分すれば求まるから，結局，利潤関数を微分して0となるような供給量が利潤最大化生産量となるのである。

完全競争市場では自由に価格が決められないが，製品・サービスを差別化できれば，他社製品より価格が高くてもすべての需要を失うことはなく，企業はある程度価格を自分で決められるようになる。これを経済学では，「価格支配力を持つ」という。特に，プロダクト・イノベーションに成功し，新たな製品で独占的な市場を構築できれば，企業は生産量を調整することで価格を吊り上げることができるようになる。もちろん，独占市場でもむやみに価格を上げれば売れる量が少なくなって利潤が減るので，結局，利潤最大化問題を解く（利潤を最大にする水準に生産量・価格を調整する）必要がある点は競争市場と変わらない。

図表1-1　利潤を最大にする生産量

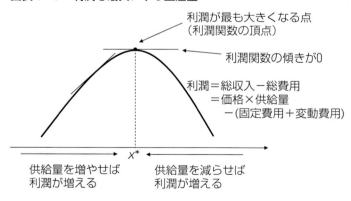

1.3 イノベーションと利潤

　イノベーション活動には不確実性が伴うが，話を単純化すれば，通常の利潤最大化のフレームワークで分析することができる。まず，イノベーションの実現には様々なコストがかかるが，それらをすべてまとめて研究開発費用としておく。競争市場において利潤が0となっている企業が，画期的イノベーションによる独占市場の構築を目指して，研究開発投資を行う状況を考える。この場合の不確実性は，イノベーションの実現に失敗する可能性があることである。今，イノベーションの実現に成功する確率をP，そのときの独占利潤をM，研究開発費用をRとする。なお，成功確率Pは研究開発額Rが大きいほど高くなるが，その効果は低減する。ここで，PはRによって値が変わる関数となるため，$P(R)$と表記する。

　すると，期待利潤は，$P(R) \times M - R$という式で表すことができる。これを図示したのが図表1－2である。通常の利潤最大化と同様，期待利潤の頂点で研究開発費の水準を決定すればよい。

　ここで，イノベーション活動による期待利潤を高めるには，どうすればよいかを考えることが重要である。このフレームワークにおいて企業が動かせる値は研究開発費Rだけであるが，同じ値のRでも成功確率Pを高くすることができれば，期待利潤は増える。あるいはより低いRで，同じ成功確率Pを維持できるようにすることでも同様の効果を得ることができる。また，Mを増やすことでも当然期待利潤は増加する。すなわち，Rをそのままに$P(R) \times M$を上にシフトさせるような活動，あるいは$P(R) \times M$をそのままにRを下にシフトさせるような取り組みによって，イノベーションによる期待利潤は高まる。

　Mの増加は，より大きな市場を構築することや，独占市場における生産コストを下げることで実現することができる。そのためには，より多くの消費者により高い価値を持つ差別化された製品・サービスを提供し，生産効率を高めていく必要がある。また，成功確率Pを高めるには，研究開発の効率を高める必要がある。それには，研究・開発環境の整備や，研究・開発担当者の育成やインセンティブ設計，企業レベルでの知識の蓄積，外部からの知識の獲得など，

第Ⅰ部　イノベーションの経済学

図表1-2　研究開発に不確実性が存在する下での期待利潤最大化

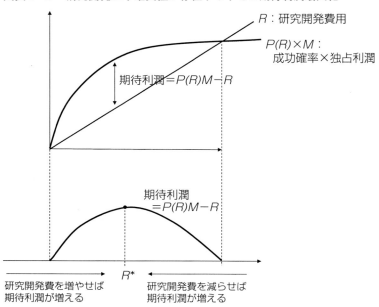

様々な取り組みが考えられる。これは同時にRを下げることにもつながる。こうした取り組みには当然コストがかかるため、期待利潤の増加の見込みとのバランスを見て実施していくことになる。なお、経済学では体系的なフレームワークでの分析を重視するため、こうした取り組みについての具体的なマネジメント方法にまでは踏み込まないことが多く、その意味では経営学と補完的な関係にあるといえる。

1.4　市場とイノベーションの関係

1.4.1　競争市場均衡の効率性

　ここではまず、競争市場における均衡の効率性について、経済学を学習するときに必ず出てくる次の図表1-3を使って説明しよう。ある製品の市場において、右下がりの需要曲線と右上がりの供給曲線が描かれている。直感的にい

えば，需要曲線は，ある製品に対して支払っても良いと考える価格（需要価格）を，高い人から順に並べたものである。また，供給曲線は，ある製品を供給しても良いと考える価格（供給価格）を低い企業から順に並べたものである。厳密には，供給曲線は，企業の利潤最大化問題の解として導出される関係式（関数）から，右上がりの曲線として描かれる。需要曲線も，消費者の効用最大化問題の解として導出される関係式（関数）から得られる曲線である。したがって，実はこの需要曲線には消費者のニーズや選択が反映されているのであるが，詳細は後の章に譲ることとして，ここでは直感的な説明のみにとどめる。

さて，図表1-3をみると，2つの線の交点で，需要される製品の数と供給される製品の数が一致していることがわかる。この，需要と供給とが「バランスする」ことを経済学では「均衡」と呼ぶ。まさに，つりあっている状態である。この図の例では50個が均衡取引量である。企業は需要価格よりも高い価格では製品を売ることはできないため，これより供給量が多くても，自然と数量あるいは価格の調整が起こり，均衡取引量に戻る圧力がかかる。すなわち，均衡は安定的である。

なお，市場全体の供給曲線は，個別の企業の供給曲線を，参入している企業の数だけ横方向に足し合わせたものである。したがって，仮に，市場で成立したある価格で，各企業に正の利潤が発生しているのであれば，長期的には，その利潤を求めて新たな企業が参入してくることになる。そのとき，供給曲線は図の点線のように右方向にシフトする。その結果，新たな均衡における取引量

図表1-3 完全競争市場における均衡と社会余剰

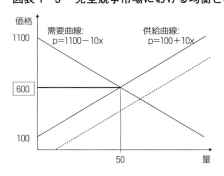
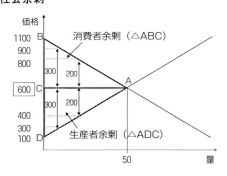

は増え，価格は下がることになる（仮に，利潤が負であれば退出が起こり，市場の供給曲線は左方向にシフトして逆のことが起こる）。こうした調整が続く結果，長期的には均衡における各企業の利潤はゼロとなる[2]。

なお，経済学における効率性（社会の「望ましさ」）の基準の1つに社会余剰というものがある。社会余剰は，満足感の合計のような概念である。図表1－3の右の図のように，社会余剰は生産者余剰と消費者余剰の合計で表される。消費者余剰について，例えば，900円でも買いたい人が600円で買えれば300円分得した気分になるだろう。800円でも買いたい人が600円で買えれば200円分得した気分になる。これを合計したものが消費者余剰であり，上側の三角形ABCの面積で表される。同様に生産者余剰についても，300円でも売っても良い人が600円で売れれば300円分得しており，400円でも売りたい人が600円で売れれば200円分得している。したがって，下側の三角形ADCの面積が生産者余剰である。

この社会余剰は，需給が一致する均衡状態のときに最大になる（図の三角形ABDの面積）。このことからも，合理的な経済主体が完全競争市場で自由に取引した場合には，余剰が最大になり，社会的に望ましい状態が実現することがわかる。

1.4.2　市場構造とイノベーションの関係

企業がイノベーションを起こすのは，他社との差別化を図り，市場シェアを拡大し，独占的な利潤を得るためである。完全競争市場にとどまっている限り，企業の利潤はゼロであり，また，均衡状態であるため企業も経済も成長しない。独占市場においては，企業は完全競争市場と異なり，同じ製品を販売するライバルがいないため，価格を自由に設定できる。独占企業が利潤を最大にすると，完全競争市場の場合と比べて，供給量は少なく価格は高くなる。それにより，正の独占利潤が発生する。技術や販売網などのリソースに制約があったり，知的財産権による保護があったり，何かしらの理由で他社が参入できない限り，独占企業は独占利潤を享受し続けることになる。これが，企業にとってイノベーションを起こす強いインセンティブになる。

やがて，制約を解消できた企業の参入が起こり，市場は少数の企業の支配す

る寡占状態へと移行する。寡占市場においては，他社の戦略が自社の利潤に影響を及ぼすため，ゲーム的な状況（独占的競争と呼ばれる状況）に陥る。それでも，完全競争市場とは異なるため，独占利潤ほどではないにせよ，各企業は正の利潤を得ることができる。この段階では，寡占企業の販売網が拡大していき，学習効果等により生産コストも下がっているため，新規企業にとっては参入障壁が高くなりがちである。

　しかし，十分な時間が経過し，既存企業の学習効果を打ち消すくらいにプロセス・イノベーションが十分普及したり，知的財産権が保護期間の満了を迎えたりすると，製品がコモディティ化して，誰でも同じくらいのコストでその製品を作れるようになる。こうなると，寡占市場における正の利潤を目指してさらに参入が進み，最終的には完全競争市場の均衡状態に到達することになる。それにより，すべての企業の利潤がゼロとなり，この産業の成長は止まることになる。しかし，ある企業はまた新たな独占利潤を求めて，新製品・サービスの開発を行い，完全競争市場から脱出しようとするだろう。

　こうしたイノベーションによる市場の変化を図示したのが，図表1－4である。新製品が発売された当初は価格が高く，やがて競合製品を市場に投入する企業が現れて，だんだん価格が下がっていくというプロセスは，現実にもよく見られる現象だろう。

　なお，独占市場では，競争市場における均衡よりも，供給量が少なく価格が高くなるため，社会余剰は最大にならない。独占が法律で禁止される理論的根拠はここにある。しかし，イノベーションにより独占市場が構築されることは，常に社会余剰を減らすとは限らない。上述の余剰分析は，1つの製品市場のみ

図表1－4　イノベーションによる市場のダイナミズム

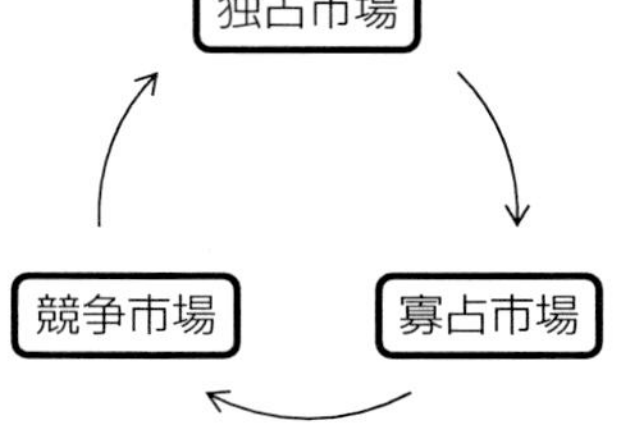

独占市場 → 寡占市場 → 競争市場 → 独占市場（循環）

を対象とした分析である（すべての製品市場を対象とした「一般」均衡分析と区別して，「部分」均衡分析と呼ばれる）。他方で，プロダクト・イノベーションが起こると，差別化の程度に応じて，全く別の市場や，同一の市場でもサブカテゴリでは異なる市場が生まれることになる。したがって，画期的な新製品により新たな需要が創出され市場の規模が拡大する場合や，旧製品に対する需要が新製品に完全には取って代わられない場合には，独占的な市場が成立しても社会余剰は増える可能性がある。これは，消費者が常に新製品を求める，すなわち，新製品が投入されるたびに，さらに新たなニーズが生まれ，それを満たすための製品が必要になるという，現実にも観察されるプロセスからも容易に想像できる。

1.5 イノベーションのインセンティブ

1.5.1 市場構造とイノベーション

上述の通り，企業がイノベーションを志向するのは，差別化によって独占的な利潤を確保するためといえる。すなわち，完全競争の状態からいかに離脱するかが企業の関心事であり，それこそが付加価値を創出するドライビングファクターである。

独占市場とは，定義上，製品・サービスを供給する企業が1社だけという市場である。したがって，企業が独占市場を構築するには，今までにない製品・サービスを市場に投入することになる。すなわち，画期的なプロダクト・イノベーションが必要となる。これには，既存製品の性能を大幅に改善することで，消費者が別の製品・サービスと認識するタイプのイノベーション（漸進的イノベーションの中でも革新的なもの）や，既存製品の特徴とされる性能では劣るものの，価格やその他の性能で別の製品・サービスと認識されるに至るタイプのイノベーション（破壊的イノベーション）が含まれる。また，ライバルがいる寡占市場において，競争優位性を構築するには，他社製品との差別化が必要になる。これには，漸進的なイノベーションや，価格競争力を高めるためのプロセス・イノベーションといった方法が考えられる。

前節の図表1－4のように，参入企業の数が増えるにつれて市場は，独占市場，寡占市場，競争市場へと変化していくが，実際には市場の変化は必ずしもこの方向で起こるとは限らない。すなわち，寡占市場から独占市場へ，独占市場から新たな独占市場へという変化も当然起こり得る。これは，イノベーションに対するインセンティブとも関連しており，古くはシュンペーターの議論にまでさかのぼる。

　シュンペーターは当初，「旧いものは概して自分自身の中から新しい大躍進をおこなう力をもたない」としていた。このことから，イノベーションを牽引するのは（規模の小さい）スタートアップであるという仮説が導かれ，これは経済学の分野では，シュンペーター仮説マーク1と呼ばれている（Schumpeter, 1912）。他方で，シュンペーターは，後期の著作において，大規模な研究開発費を支出できる独占的企業こそが，イノベーションの主体であるという主張をしている。ここから，イノベーションの主体は独占的な大企業であるという仮説が導かれ，シュンペーター仮説マーク2と呼ばれている（Schumpeter, 1942）。

　これらの仮説は一見すると反対のことを言っているようであるが，決してどちらか片方の仮説しか成立しないというものではない。企業家精神や意思決定の速さなどが有利に働く状況ではスタートアップがイノベーションを牽引し，ヒト・モノ・カネ・情報など様々な資源の豊富さが有利に働く状況では大企業がイノベーションを牽引することになる。また，それぞれの仮説の当てはまりやすさは，イノベーションのタイプや業種によっても異なる。クリステンセン（Christensen, 1997）の破壊的イノベーションの文脈では，マーク1の仮説が当てはまりやすいし，持続的イノベーションの文脈では，マーク2の仮説が当てはまりやすいだろう。

　さらに，独占企業ほど，新規企業が参入してきたときの逸失利益が大きいため，持続的なイノベーションを実現しやすいとも考えられる（仮説マーク2）。他方で，新規参入の脅威がなければ，独占企業が既存の製品・サービスを代替するようなイノベーションを起こすことは，自ら自社製品のシェアを奪うことを意味する。この場合，独占企業のイノベーションに対するインセンティブは弱くなると考えられる（仮説マーク1）。

他にも，業種や市場の成熟度など様々な要因によって，成立しやすい仮説は異なるはずである。実際，実証研究においても，独占的な市場ほどイノベーションが起こりやすいかという仮説の検証については，未だ統一的な結果が得られていないのが現状である。

ただし，比較的はっきりしているのは，イノベーションの実現確率と市場の独占度との間には逆U字の関係があることである。図表1－5は，文部科学省科学技術・学術政策研究所の「民間企業の研究活動に関する調査」からのデータである。横軸に企業の主力製品市場における競合企業の数を取り，縦軸に過去2年間に技術的な新規性を持つ新製品・サービスを投入した企業の割合を取っている。

この図を見てもわかるように，市場が非常に独占的であるとイノベーションの実現割合は低く，市場が競争的になるにしたがってその割合は高まっていく。しかし，11社から15社をピークに，今度は逆に競合企業数が増えるほどイノベーションの実現割合が低くなっていく。したがって，競争がないと差別化を図るインセンティブが弱いためイノベーションが起こりにくく，逆に，競争が

図表1－5　市場の競争度とイノベーションの実現度の関係

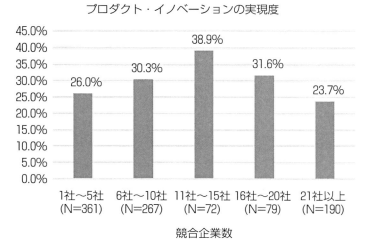

（出所）科学技術・学術政策研究所『民間企業の研究活動に関する調査2011』より作成

激し過ぎても十分な原資が得られないためイノベーションの実現度が低くなるといえる。

1.5.2　産業の発展段階とイノベーション

上述の市場構造とイノベーションの関係は，産業の発展段階とイノベーションの関係とも共通の性質を持つ。Abernathy & Utterback（1978）によれば，産業の発展段階は，流動期（fluid pattern），移行期（transitional pattern），固定期（specific pattern）に分けることができる。流動期は製品の開拓期で，市場で受け入れられる製品コンセプトが定まっておらず，様々な企業が様々な製品を開発して市場に投入する。そのため，プロダクト・イノベーションが頻繁に起こる時期である。

市場における製品コンセプトがある程度固まると，移行期と呼ばれる段階に移る。そこでは，市場で優位性を確立した企業が大量生産を行い，製品が徐々に標準化されていく。このとき，他の企業は，市場占有率の高い製品の規格に合わせたほうが自社の製品・サービスを普及させやすくなるため，市場で支配的な規格（ドミナント・デザイン）が成立する。この段階では，プロダクト・イノベーションは起こりにくく，競争優位性はむしろ製法上の技術に集中することになる。したがって，プロセス・イノベーションが頻繁に起こる。

さらに産業が成熟すると，固定期に入る。製品はコモディティ化し差別化は難しく，プロダクト・イノベーションもプロセス・イノベーションも減少していく。この段階での競争は，もっぱら価格を中心に行われる。

Abernathy & Utterback（1978）はこうした産業発展の段階によって，企業がとる行動も変わってくると考えた。流動期にはドミナント・デザインを目指した漸進的イノベーションに投資すべきであり，移行期には生産効率の上昇を図るべくプロセス・イノベーションに注力し，固定期には価格競争を行いつつ，発展段階を再度流動期に戻すような画期的イノベーションへの投資も検討すべきということになる。

彼らの議論で特徴的なのは，産業の成熟期には，製品が標準化され，生産工程が効率化されているため，生産性自体は高いのだが，技術革新が起こりにくいという「生産性のジレンマ」と呼ばれる状態が生じる点である。前述の議論

との対応では，固定期は完全競争市場に入った段階で，効率的ではあるが利潤がゼロであるため，再び流動期のような独占的市場に突入するためのインセンティブを多くの企業が持つことになる。こうした，産業の発展段階を固定期から再び流動期に戻すような取り組みを，彼らは「脱成熟化」と呼んでいる。

なお，彼らの理論は，市場や産業の構造（Structure）により，企業の行動（Conduct）が決まり，それによって企業のパフォーマンス（Performance）が決まるという，伝統的な産業組織論におけるSCPパラダイムに類するフレームワークを用いているといえる。

Column

ファイブフォースと完全競争市場

マーケティングにおいて，産業の古典的な分析フレームワークとして，マイケル・ポーターが考案したファイブフォース分析がある（Porter, 1985）。

5つの要素をベースに産業構造を分析するためのフレームワークで，(1)競合企業の脅威を中心に，(2)新規参入の脅威，(3)売り手の交渉力，(4)買い手の交渉力，(5)代替品の脅威，の観点から競争戦略を検討するというものだ。

ここに挙げられている5つの要素は，経済学の想定する完全競争市場の仮定と強く関連していることにお気づきだろうか。(1)競合企業の脅威は，競合企業の数やブランド力といった観点からの検討要素であるが，これはまさに競争市場であるかどうかを意味している。(2)新規参入の脅威は，規制やスイッチングコストなどによる参入障壁の低さを意味しており，完全競争市場の参入退出が自由という仮定に対応している。(3)と(4)については，買い手と売り手が多数存在するという仮定に対応し，(5)代替品の脅威については，製品が同質的という仮定と対応している。

すなわち，企業のイノベーション戦略で重要なのはやはり，完全競争市場からいかに脱するかという観点であり，フレームワークは異なるものの，この点は経営学でも経済学でも共通していることがわかる。

●注

1　後に詳しく説明するが，企業が製品・サービスを供給するのは消費者の課題を解決するためであり，その意味では，企業の役割は消費者の課題を解決することともいえる。
2　経済学における利潤は「利潤＝総収入－総費用」で表される。会計上の利益と大きく異なるのは，総費用の中に機会費用を含んでいる点である。機会費用とは，他の選択をした場合に得られたであろう最大の逸失「利益」である。機会費用を考慮すると，利潤が0でも会計上の利益は出ていることになる。また，利潤が0といっても，費用には人件費，役員報酬，減価償却費など様々なコストが含まれているから，企業を存続させるための十分な利益は得られているとも考えられる。イノベーション活動のような不確実性の高い活動においては，期待値で見た時の逸失利益が少なくなるため，投資しないことが合理的となるケースも増える。

■参考文献

（日本語文献）

科学技術・学術政策研究所『民間企業の研究活動に関する調査2011』

（英語文献）

Abernathy, W. J., & Utterback, J. M. (1978). Patterns of industrial innovation. *Technology Review*, 80(7), 40-47.

Christensen, C. M. (1997). *The Innovator's Dilemma: When New Technologies Cause Great Firms to Fail*. Boston, MA, U.S.A.: Harvard Business School Press.

Drucker, P. F. (1954). *The Practice of Management*. New York, NY, U.S.A.: Harper (Reissue version, 2006).

Porter, M. (1985). *Competitive Advantage*. New York, NY, U.S.A.: Free Press（土岐坤・服部照夫・中辻万治訳『競争の戦略』ダイヤモンド社, 1995年）．

Schumpeter, J. A. (1912). *Theorie der Wirtschaftlichen Entwicklung*. Berlin, Deutsches Reich: Leipzig Duncker & Humblot（塩野谷祐一・中山伊知郎・東畑精一訳『経済発展の理論 上・下』岩波文庫, 1977年）．

Schumpeter, J. A. (1942). *Capitalism, Socialism and Democracy*. New York, NY, U.S.A.: Harper & Brothers（中山伊知郎・東畑精一訳『資本主義・社会主義・民主主義』東洋経済新報社, 1995年）．

第I部　イノベーションの経済学

第2章

付加価値の経済理論

本章で学ぶ内容
- 経済学のフレームワークでプロセス・イノベーションやプロダクト・イノベーションはどう捉えられるか？
- イノベーションの測定指標としての労働生産性や全要素生産性（TFP）とはどういうものか？

　本章では，付加価値の創出プロセスとして，生産効率を高めコストを下げるようなプロセス・イノベーションと，製品差別化を図り独占的な利潤を得るためのプロダクト・イノベーションに着目し，それが経済学でどのように扱われるかを見ていく。特に，物理学（力学）的なフレームワークで構築されている経済理論において，イノベーションがどのように反映されうるかについて解説する。

2.1　プロセス・イノベーションと生産性

2.1.1　経済学におけるプロセス・イノベーションの描写

　経済学において費用に関する重要な概念は，生産1単位当たりの費用（平均費用）と生産を1単位増やしたときの費用の増加分（限界費用）である（経済学では「追加1単位」を「限界」と表現する）。また，費用には生産量にかかわらず発生する固定費用と，生産量に応じて発生する変動費用がある。当然，費用における固定費と変動費の構成によって平均費用も限界費用も異なる。

最も単純なプロセス・イノベーションの定義は，生産コストを削減するようなイノベーションである。そして，その中には，固定費のみを減らすタイプ，限界費用のみを減らすタイプ，あるいは両方を同時に減らすタイプのイノベーションがある。

ここで，前述の通り，企業が利潤を最大化するには，そこから生産量を増やしたり減らしたりすると利潤が減るような生産量（利潤関数を最大化する生産量）を見つける必要がある。これは，生産量を1単位変化させたときの収入の増加分（限界収入）と費用の増加分（限界費用）が等しい点を探すことと同じである。限界収入が限界費用より大きければ生産量を1単位増やすことで利潤が増えるし，限界費用のほうが大きければ生産量を1単位減らすことで利潤が増えるためである。すなわち，利潤最大化の条件は「限界収入＝限界費用」（限界利潤が0）と書くことができる。

この条件を見てわかるのは，企業が生産量を決定する際に考慮すべき費用は，固定費用ではなく限界費用のみということである。そうすると，固定費のみを減らすプロセス・イノベーションの場合，限界費用が変わらないため個別企業の供給曲線自体は変わらず，したがって個別企業の生産量にも変化はない。しかし，生産量1単位当たりの平均費用は下がるため短期的には企業にプラスの利潤が発生することになる。これが，企業が生産効率を高めるインセンティブとなる。ただし，長期的にはこの利益を求めて参入が起こり，企業数が増える分，市場全体の供給曲線は右方向にシフトする。これにより，均衡における供給量は増加し，市場で成立する価格が下がり，最終的に利潤は0に戻る。もちろん，製品が差別化されていたり，生産技術が特許で保護されていたりすると，参入障壁が高くなるため，より長期間にわたって正の利潤が得られることになる。なお，供給曲線が右にシフトすると，社会余剰は増える（前章の図表1－3を参照）。すなわち，生産費用を減らすようなイノベーションは，企業の利潤を短期的に増やすだけでなく，社会的にも望ましい効果があるといえる。

他に，最新の生産設備を導入して，生産にかかる単価を抑えるようなプロセス・イノベーションも現実には多く観察される。これは，固定費用を増やして限界費用を減らすタイプのイノベーションに分類される。例えば，ある程度生産量が大きくなる場合には，人手で作業を行うよりは機械に任せるほうがトー

タルのコストが安くすむという場合である。すなわち，生産量の増加に伴い，労働集約的な生産プロセスよりも，資本集約的な生産プロセスが相対的に有利になるような状況である。

図表2－1は生産量と採用される生産技術との関係を示している（詳細はSwann（2009）を参照されたい）。人手で作業するような労働集約型の生産技術は，導入に固定費がほとんどかからないが，追加1単位のコストの増加分は大きくなりがちである（限界費用が大きい）。他方で，機械で作業するような資本集約型の生産技術は，導入に固定費がかかるが，その分，追加1単位のコストの増加分を減らすことができる（限界費用が小さくなる）。図でいえば，$\bar{x}$未満の生産量では労働集約型の生産技術が，$\bar{x}$以上の生産量では資本集約型の生産技術が採用されることになる。当然，資本集約型生産技術の導入費用（固定費用）が小さくなったり，それによる限界費用の削減効果が大きくなったり（傾きが小さくなったり）すれば，より早いタイミングで，そうした生産技術が導入される。

図表2－1　労働集約的生産技術と資本集約的生産技術

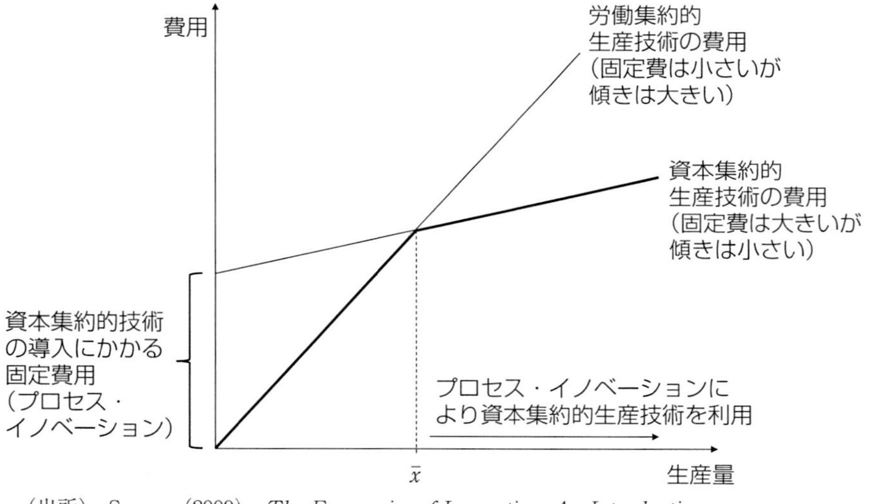

（出所）　Swann（2009）．*The Economics of Innovation: An Introduction.*

2.1.2 労働生産性と全要素生産性（TFP）

簡単にいえば，生産性の向上とは，インプットの量が変化していないのにアウトプットが増えることである。プロセス・イノベーションによって生産性は上昇するが，その生産性を測る指標としてよく用いられるのが，労働生産性と全要素生産性（Total Factor Productivity: TFP）である。

労働生産性とは，アウトプットを労働投入量で割ったものである。労働生産性の国際比較を行う際には，GDPを就業者数で割ったものを使うことが多い。図表２－２は，購買力平価で換算した就業者１人当たりGDPをOECD加盟国で比較したものである（2016年ベース）。日本の労働生産性はOECD加盟35か国中21位と相対的に低く，81,777ドルである。これは米国の122,986ドルの66%程度である。

労働生産性は，労働者のスキルが上昇したり，人的資本が蓄積されたり，あ

図表２－２　労働生産性の国際比較

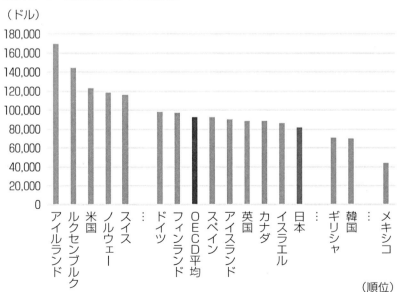

（出所）日本生産性本部「労働生産性の国際比較2017年版」より作成

るいは分業などによって作業の無駄がなくなったりすることで向上する。これらは，労働増大的なイノベーションである。他方で，最新の機械の導入などのような，資本増大的なイノベーションによっても，労働生産性は向上する。

しかし，資本増大的な生産技術を導入するには固定費がかかることが多い。この場合，アウトプットを単純な生産額にしておくと，仮に機械の導入費用が膨大でそのため利潤が減っていたとしても，生産性は上昇してしまう。したがって，アウトプットには，生産額から原価を引いた付加価値を用いるほうがよいだろう。一国の生産性を議論する際には多くの場合，アウトプットの指標としてGDPを用いる。GDPは付加価値の合計であるため，生産額を用いるより適切な指標であると考えられる。

当然のことながら，生産性は，資本と労働の投入量以外にも，技術水準など様々な要素によって変わってくる。そうした，アウトプット（GDP）の変動のうち，インプット（資本や労働等）の量的な変動で説明できない部分を，全要素生産性（TFP）と呼んでいる。そしてそれは，資本や労働の質的な変化や技術進歩等を反映していると考えられている。そのため，TFPはイノベーションの指標として用いられているのである。

2.1.3 生産関数からのTFPの導出

TFPを計測しようとする場合，コブ=ダグラス型と呼ばれる以下のような生産関数を想定することが多い。

$$Y = A\,F(K, L) = A\,K^{\alpha} L^{1-\alpha}, \quad 0 < \alpha < 1$$

これを変化率の形に直すと，

$$\frac{dY}{Y} = \frac{dA}{A} + \alpha \frac{dK}{K} + (1-\alpha)\frac{dL}{L}$$

という形に変換できる。アウトプットをGDPとすると，この式が意味しているのは，

GDPの成長率＝TFPの変化率＋α×資本の変化率＋$(1-\alpha)$×労働の変化率

ということである。つまり，GDPの成長率が，イノベーションの結果（資本と労働で説明できない要素Aの変化率）と，各生産要素の変化率に分解するこ

とができることを意味している。

図表2－3は，我が国におけるGDP成長率を資本投入量，労働投入量，TFPそれぞれの貢献度に分解したものである（森川，2014）。これによると，我が国における経済成長率は70年代と80年代は4％を超える水準で，その半分以上をTFPの成長率が占めていた。TFPの成長率には教育水準の向上による人的資本の質の上昇効果なども含まれる。しかし，森川（2014）によれば，70年代と80年代のTFP成長率のうち，労働や資本の質の向上による部分は半分未満である。

すなわち，経済成長率に占めるTFP成長率の貢献度は高く，それは成長率が急激に低下した2000年代でも同じ傾向である。そのためイノベーションが経済成長のエンジンといわれるのである。90年代以降の成長率の低下は，資本，労働，TFPのすべての要素の成長率が低下したためであるが，80年代に2.5％だったTFP成長率は2000年代には1.1％となっている[1]。このことからも，我が国が再び成長率を高めるために，イノベーションの促進が重要であることがわかる。

図表2－3　経済成長率の要因分解

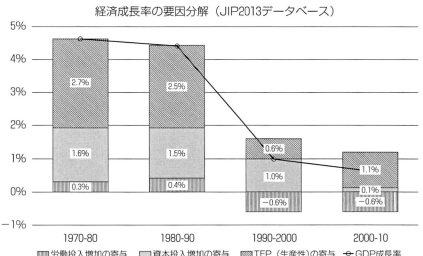

（出所）　森川（2014）「サービス産業の生産性分析－ミクロデータによる実証－」

2.2 プロダクト・イノベーションと製品差別化

2.2.1 製品差別化による独占的利潤の獲得

　企業がイノベーションを起こす目的は，独占的利潤の獲得であると述べた。そのためには差別化によって競争市場（均衡）から離脱しなければならない。企業は自社製品について，性能や品質，ブランド等によって，同一の市場でも製品を差別化することができる。例えばボールペン市場においても，ゲルインクのボールペンや，消えるインクを搭載したボールペン，「モンブラン」のロゴの入ったボールペンなど，様々なタイプの差別化された製品が存在する。

　この場合，市場は完全競争市場ではない（財が完全に同質ではない）。そのため，企業は価格を自分で決められることになる。このとき，企業の利潤Π（価格×生産量−費用）は，生産量をx，生産にかかる費用を$c(x)$とすると，次の式で表すことができる。

$$\Pi(x) = p(x)x - c(x)$$

　ここで，完全競争市場との違いは，価格pが自社製品の生産量xの関数になっており，$p(x)$と書ける点である。完全競争市場の場合，自社の行動（供給量）によって価格を変えることはできないが，製品の差別化ができれば，自社の行動によって価格を決めることができる。これが，経済学でいうところの「価格支配力を持つ」ということである。この市場を独占「的」競争市場という。プロダクト・イノベーションは必然的に，その実現のプロセスにおいて既存製品との差別化が図られ，企業が価格支配力を持つことになる。

　ここで，価格支配力の程度は，差別化の程度によって決まる。類似した他社製品がある場合，自社製品の売れ行きは，そのライバル製品の価格の影響を受けやすいため，価格支配力は低くなる。他社製品の価格が1％変化したときに，自社製品の需要が何％変化するかを表す指標として交差価格弾力性というものがある。この値が大きければ，価格支配力が小さく，すなわち，製品の差別化の程度が小さいということになる。

なお，前頁の式からわかるように，企業が独占的利潤を高めるには，基本的には2通りの方法しかない。$p(x)$を高めるか，$c(x)$を下げるかである。この2つのために様々なマネジメントやマーケティングが必要になるのである。

$p(x)$を高めるというのは，顧客にとっての価値（需要価格）を高めることであり，また需要そのものを増やすことである。そのためには，他社製品との差別化を図り，付加価値を高める必要がある。$c(x)$を下げるのは，生産効率を高めることであり，固定費あるいは限界費用を下げることである。こうした努力により，企業は原価に対してより高い価格をつけることができるようになる。詳細はコラムに譲るが，原価に対してどの程度高い価格をつけられるかは，需要の価格弾力性によって表現できる。製品が十分差別化されていれば，価格が高くても自社製品の需要はそれほど減少しないため，需要の価格弾力性は低くなる。それにより，高いマークアップ率を実現することができるのである。

2.2.2 製品とは

製品をどう定義するかはそれ自体，非常に難しい問題である。マルクスの定義によれば，製品とは交換を目的とした財・サービスであり，交換できることから生じる価値と，人々のニーズを満たすことから生じる使用価値を持つとされる（佐々木, 2018）。独占的競争の分析で著名なChamberlin (1962) が，製品を効用の集合体と考えたのも，使用価値に近い考え方だろう。また，製品は当然，物的な属性も異なっており，Lancaster (1972) は製品を属性の集合体と考えていた。ただし，物的な属性の違いがなぜ生じるかといえば，消費者がそれを望むからだと考えられる。例えば，同じ機能を持つ製品でも，色が違ったり，サイズが違ったりすることがある。それは，いずれも消費者のニーズを満たすために，製品の特性を変えてバリエーションを増やしているのである。

したがって，ここでは，製品を「機能・属性の集まり」と考える。機能とは消費者の課題を解決する手段であるから，究極的には製品とは，「消費者のニーズを満たす属性の集まり」と考えることができる。

例えば，図表2－4のように，a. 雨に濡れずに外出したい，b. 機動性は損ないたくない，c. 使わないときはコンパクトに収納したい，d. 利用時と非利用時の切り替えを簡単にしたい，といったニーズ（消費者の課題）があるとす

図表 2-4　消費者のニーズを満たす属性の集まり

- 解決すべき課題（機能の集合）

傘
- a. 雨に濡れずに外出したい
- b. 機動性は損ないたくない
- c. 使わないときはコンパクトに収納したい
- d. 利用時と非利用時の切り替えを簡単にしたい

レインコート
- a. 雨に濡れずに外出したい
- b. 機動性は損ないたくない
- c. 使わないときはコンパクトに収納したい
- e. 両手を使える状態にしておきたい

る。これらを解決する手段（機能）の集まりが製品であり、この場合は傘である。したがって、この中の機能が一部でも異なれば別の製品になる。例えば、a, b, cの課題は共通しており、利用時と非利用時の切り替えは多少面倒でも良いから、新たに、e. 両手は使える状態にしておきたい、という課題があったとする。この場合、これらの課題を解決する機能の集まりは、レインコートという製品になるだろう。

2.2.3　垂直的製品差別化と水平的製品差別化

　製品の差別化には、垂直的製品差別化と水平的製品差別化がある。垂直的差別化は、消費者のタイプにかかわらず、多くの消費者にとって共通に評価される属性で差別化を図ることである。例えば、コンピュータのメモリや容量は、どの消費者にとっても、小さいよりは大きいほうが好まれるだろう。こうした属性で差別化を図ることを垂直的製品差別化と呼ぶ（図表 2-5）。

　他方で、水平的差別化は、消費者ごとに異なる選好（好み）、あるいは他者と違うことから生じる効用に基づいて、属性で差別化を図ることである。例えば、製品の色は人によって好みが異なることが多く、また、よく売れる色が決まっている製品の場合には、それとは異なる色を好む消費者がいるだろう。そうした属性（この場合は色）によって差別化を図ることを、水平的製品差別化という。

図表2-5　垂直的製品差別化

パソコンA
CPU：Core i7, 3.7GHz
メモリ：8G
容量：1TB

パソコンB
CPU：Core i7, 3.7GHz
メモリ：16G
容量：1TB

同じ価格であれば，パソコンAよりもBのほうが好まれる

　企業の利潤に対する影響としては，垂直的差別化のほうが大きいことが多い。というのも，垂直的な属性は多くの消費者が共通して好む属性であるため，その属性で差別化を図り，他社の真似できない製品を提供できれば，大きな市場シェアを獲得できるからである。このとき，他社製品との交差価格弾力性は小さくなる。逆に，水平的製品差別化はニッチ市場において大きなシェアを狙うのに適した差別化と考えることもできる。

2.2.4　製品差別化と市場シェア

　製品を消費者のニーズを満たす属性の集まりと考えたとき，属性の組み合わせによる製品の差別化と，企業が用意すべき製品ポートフォリオとの関係はどのようにモデル化できるだろうか。ここでは，垂直的製品差別化について，Swann（2009）の製品テリトリーの説明に基づき，市場シェアとの関係を見ていこう。

　図表2-6は，製品属性として，ある特定の性能と価格に着目し，その組み合わせによって差別化されたA，B，Cという3つの製品をプロットしている。性能は，例えばパソコンのメモリのサイズと考えても良い。製品Aは性能は低いが価格も低く，製品Bは性能も価格も中程度であり，製品Cは性能は高いが価格も高い。

　このとき，ある消費者の支払ってもよいと考える価格（Willingness to Pay：WTP）は，属性（性能と価格）の組み合わせによって変わる。例えば，メモリが4G未満では1円も支払いたくないが，4Gであれば1万円までなら支払ってもよく，8Gであれば8万円，16Gであれば10万円まで支払う意思があるといった具合だ。通常，性能が上がるとWTPは上がっていくが，その上がり方は逓減していく。例えば，8Gのメモリがあれば十分と考える消費者にとって，

4Gから8Gへのメモリの増加は効用を大きく高めるが，それが16Gや32Gになったところで，効用はそれほど高まらないだろう。したがって，WTPは本来図表2－6のように，右上がりで逓減する形の曲線になる。

しかし，ここでは，本質的な事のみ理解できればよいため，話を単純化して，図表2－7のようにWTPを直線で描くことにする。図表2－7のようなWTP

図表2－6　製品属性とWTP

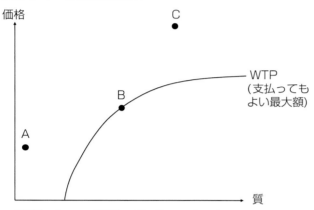

（出所）　Swann（2009）．*The Economics of Innovation: An Introduction*.

図表2－7　直線のWTPを持つ消費者の製品選択

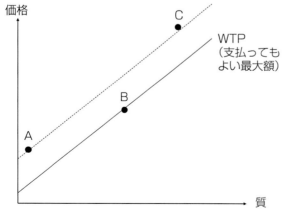

（出所）　Swann（2009）．*The Economics of Innovation: An Introduction*.

の傾きを持つ消費者は，A，B，Cの製品のうちどれを選ぶだろうか。同じ価格であればより性能の高いほうが選ばれ，同じ性能であればより価格の低いほうが選ばれるだろう。したがって，より右方（あるいは下方）にあるWTPをもたらす（WTPの線上にある）製品が選ばれるだろう。この図では，製品Bが需要されることになる。

WTPの傾きは消費者によって異なり，その傾きによってどの製品がどれだけ売れるかが決まってくる。WTPの傾きが小さい消費者は製品Aを選択し，傾きが大きくなるにつれて，製品B，Cが選ばれるようになる。WTPの傾きが一様に分布しているとすれば，製品ごとの販売数量のシェアは図表2−8の下方の帯グラフのような形で表すことができる。

ここで，今，製品Bを販売している企業が，イノベーションの方向として，同じ価格でより性能の高い製品を作るプロダクト・イノベーションに投資するか，同じ性能でより価格を下げるプロセス・イノベーションに投資するかの意思決定を考える。この場合，競合製品であるAとCのどちらからどれだけシェ

図表2−8　WTPの傾きと製品シェア

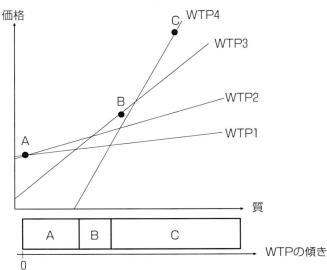

（出所）　Swann（2009）．*The Economics of Innovation: An Introduction.*

第Ⅰ部　イノベーションの経済学

アを奪えるかが，投資コストに対するベネフィットになる。プロダクト・イノベーションを志向すれば，製品属性の組み合わせの中で右方向に製品のポジションを移すことになり，プロセス・イノベーションの場合は下方向にポジショニングすることになる（図表2－9）。どの程度の距離を移動するかは，投資額やその他の要因によって決まるが，右方向に移動すれば製品Cからシェアを奪うことになり，下方向に移動すれば製品Aからシェアを奪うことになる。

　この意思決定は，前述のシュンペーター仮説とも関連している。独占的大企

図表2－9　イノベーションの方向性

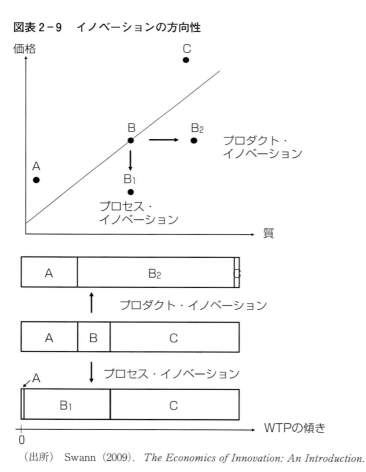

（出所）　Swann（2009）．*The Economics of Innovation: An Introduction*.

業のほうがイノベーションのインセンティブが弱いのか強いのかという問題である。

仮に，同じ企業が製品BとCをどちらも供給している場合，プロダクト・イノベーションは自社の既存製品のシェアを低下させることになる。すなわち，カニバリゼーション（共食い）が起こる。例えば，ヨーグルトを販売している企業が，新たに自社の製品と直接競合するような，生きて腸まで届く乳酸菌入りのヨーグルトを販売するようなケースである。この場合，新製品の売上の多くの部分は旧製品の売上の減少で相殺されてしまう。したがって，その市場で存在感のある製品を販売している既存の大企業ほど，イノベーションに対する投資インセンティブは弱くなる。

ただし，これは，新製品と自社の旧製品との代替の弾力性が非常に高い場合の話である。ヨーグルトを販売している企業が，乳酸菌入りの飲料を新たに販売し始めても，自社の旧製品との代替の弾力性は低く，カニバリゼーションは起こりにくいだろう。

一方，参入障壁が低く，新規参入が容易である場合には，逆に，シュンペーター仮説マーク2（独占的大企業のほうがイノベーションのインセンティブが強い）が成立しやすい。というのも，独占的な大企業ほど，新たな企業の参入により失う利益が大きいからである。例えば，市場シェア100%の独占企業が，全く同じ性能の製品を販売する企業の参入を許すと，市場シェアが半分になるだけでなく，独占価格をより競争的な価格に下げなければならなくなる。価格が仮に半額になれば，新規参入によって独占企業の利益は4分の1まで低下することになる。すなわち，独占市場で何もしないときの逸失利益（機会費用）が非常に大きくなる。したがって，潜在的な参入企業の脅威がある場合には，独占的な大企業ほどイノベーションを起こす誘因が大きいといえる。

ただし，この関係も弾力性次第で話が変わってくる。他社製品と垂直的な差別化が図られており，交差価格弾力性が低い場合には，新規企業の参入によってもそれほど大きくシェアを奪われずにすむからである。この場合，イノベーションに投資しないときの機会費用は小さい。したがって，たとえ参入障壁が低くても，他社製品との交差弾力性が低ければ，独占的な大企業のイノベーションのインセンティブは小さくなるといえる。

代替の弾力性が高く新規参入の脅威がある場合には、プロダクト・イノベーションに取り組む必要がある（もちろん、プロダクト・イノベーションの他にも、販売網の構築、顧客の囲い込み、低価格化など様々な戦略を考えることはできる）。その方向性としては、画期的なプロダクト・イノベーションにより新たな独占市場を構築するという戦略の他に、既存市場で製品バラエティを増やし参入阻止を図るという戦略も考えられる。

　例えば、図表2-10のように、少しだけ差別化した製品を多数市場に投入しておけば、他社の新規参入のインセンティブを低下させることができる。仮に、新規参入企業がXというポジションの製品で参入してきても、シェアが奪われる製品はAとBのみであり、市場全体から見るとわずかなシェアの減少ですむ。これは、市場のセグメントを細分化することで、他社の参入のメリットを失しているのである。既存の大企業が一見、不必要に思えるほど多くの製品モデルを提供するのにも、一定の合理性があるのである。コトラー（Kotler, 1967）の競争戦略における、リーダーのフルラインナップ戦略はこの点に着目した戦略といえる。

図表2-10　製品バラエティによる参入阻止

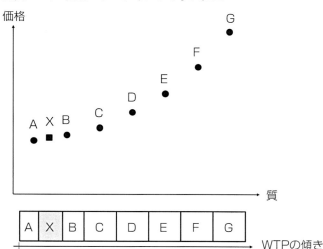

（出所）　Swann（2009）. *The Economics of Innovation: An Introduction.*

Column

マークアップ率

　原価に対してどれほど高い価格をつけられるかは，その製品がどの程度差別化されているかによって決まってくる。経済学的にはそれは弾力性の効果として表現できる。市場は弾力性に支配されているといっても過言ではない。

　完全競争市場では価格が自分では決められず，企業の限界収入が価格と等しくなるため，利潤最大化の条件が「価格＝限界費用」となる。このとき，利潤は0で，マークアップ率（限界費用MCに対する価格Pの上乗せ率＝$\frac{P-MC}{P}$）も当然0である。しかし，製品を差別化できれば，企業が価格支配力を持てるため，マークアップ率は正になる。独占的競争市場では，収入関数が価格×数量の$P(x)\cdot x$と書けるから，これをxについて微分した限界収入（Marginal Revenue: MR）は次のように書くことができる。

$$MR(x)=\frac{dP(x)}{dx}x+P(x)=P(x)\left\{\frac{dP(x)}{dx}\frac{x}{P(x)}+1\right\}=P(x)\left\{\frac{dP(x)/P(x)}{dx/x}+1\right\}$$

　ここで，$\frac{dP(x)/P(x)}{dx/x}$ の部分は，生産量xが1％変化したときに，価格Pが何％変化するかを意味しており，需要の価格弾力性の（絶対値の）逆数である。需要の価格弾力性を $\varepsilon_d=-\frac{dx/x}{dP(x)/P(x)}$ で表すと，限界費用＝限界収入という条件は，$MC(x)=P(x)(-\frac{1}{\varepsilon_d}+1)$ と書き直すことができる。

　これを変形すると，次の式のように，マークアップ率は需要の価格弾力性の逆数となることがわかる。

$$\frac{P(x)-MC(x)}{P(x)}=\frac{1}{\varepsilon_d}$$

　したがって，差別化されていて需要の価格弾力性が低い場合ほど，大きいマークアップ率を設定できることになる。こう考えると，製品の差別化とは，製品の価格弾力性を低くすることと同じような意味を持っている。この例では自社製品のみで議論しているが，他社製品との交差価格弾力性を低くすることも同じように考えることができる。

●注

1 しかも森川（2014）によると，その1.1%のうち，労働や資本の質の向上を除いた狭義のTFPの成長率はわずか0.1%に過ぎない。

■参考文献

（日本語文献）

佐々木隆治（2018）．『マルクス資本論』KADOKAWA.

森川正之（2014）『サービス産業の生産性分析：ミクロデータによる実証』日本評論社．

（英語文献）

Chamberlin, E. H.（1962）．*The Theory of Monopolistic Competition*. Boston, MA, U.S.A.: Harvard University Press（青山秀夫訳『独占的競争の理論』至誠堂, 1966年）．

Lancaster, K.（1972）．*Consumer Demand: A New Approach*. New York, NY, U.S.A.: Columbia University Press（桑原秀史訳『消費者需要－新しいアプローチ－』千倉書房, 1989年）．

Kotler, P.（1967）．*Marketing management: Analysis, planning, implementation and control*, Prentice-Hall International（小坂恕・疋田聡・三村優美子・村田昭治訳『マーケティング・マネジメント－競争的戦略時代の発想と展開』プレジデント社，1983年）．

Swann, G. M. P.（2009）．*The Economics of Innovation: An Introduction*. Cheltenham, U.K.: Edward Elgar Publishing.

第3章

イノベーションの源泉をもたらす消費者

本章で学ぶ内容
- 消費者の購買プロセスはどのようにモデル化できるか？
- 消費者のニーズがどのように顕在化するか？
- ユーザーから発生するイノベーションとはどのようなものか？

　本章では，イノベーションの究極的な源泉ともいえるニーズをもたらす存在である「消費者」に着目する。経済学では消費者は効用を最大にするよう行動すると仮定されるが，その意思決定がどのようなプロセスで行われるかを確認する。かつては，イノベーションは企業が生み出すものとの見方が主流だったが，近年ではイノベーション・プロセスにおける消費者の役割が重視されるようになってきている。そうした，消費者によって引き起こされるイノベーションについて考察していく。

3.1　消費者の効用と購買プロセス

　前述の通り，製品とは消費者の課題を解決しニーズを満たすための手段である。そして，たとえ経営者が自分の効用を直接的な関心事としていても，会社の利益を増やすには，消費者の潜在的・顕在的ニーズを把握し，それを満たす製品・サービスを提供していく必要がある。
　そうした課題・ニーズは，消費者ごとに異なる。したがって，同じ製品・サービスに対しても，人によって支払ってもよいと思う金額（Willingness to Pay: WTP）は異なるのである。仮に，ある製品についてのWTPが，すべての

人で同じであれば，需要曲線はその価格で水平になる。逆に言うと，需要曲線が右下がりになるのは，同じ製品でも人によってWTPが違うためである[1]。では，何によってWTPが決まるかといえば，効用の感じ方（選好）で決まるのである。つまり，その製品・サービスを消費すること，課題が解決されることで得られる満足感で決まってくるのである。

消費者が製品を購入するまでには，いくつかのステップが存在する。まずは，自らが抱える課題（ニーズ）を認識することである。例えば，喉が渇いたという課題を認識すれば，飲み物を買うことでその課題を解決しようとする。こうした課題は，消費者の内面から生じる場合もあれば，広告など外的要因によって喚起される場合もある。後者は例えば，美味しそうなスイーツを見せられて，ケーキが食べたいというニーズが生じる（課題を認識する）場合である。

続いて，選択肢を絞り込むことになる。これは情報探索と呼ばれるプロセスである。ニーズを満たすためには，課題を解決してくれる候補となる選択肢を認識する必要がある。そのための情報源としては，自身の使用経験や口コミ，広告など様々なものがある。図表3－1のように，世の中における入手可能な製品・ブランドの集合（入手可能集合）の中に，消費者がその製品・ブランドの名前を認識している集合（知名集合）がある。その中から，実際に購買の対象となりうる製品・ブランドの集合（考慮集合）が絞り込まれる。

考慮集合は，消費者の課題を解決しうる製品・ブランドの集合である。消費者がペットボトル入りのお茶を欲している場合，認識しているブランドの中で，すべてのブランドが購買の対象となるわけではない。コンビニに行けば多くの

図表3－1　情報探索プロセス

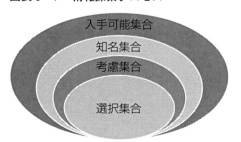

（出所）Shocker et. al.（1991）によるフローを図示したもの

お茶のブランドがあるが，検討の対象となるのはその一部であろう。これはすなわち，考慮集合に含まれるブランドはその消費者にとって，製品市場の中でも同じサブカテゴリに入っており，代替関係にあるブランドといえる。

　この考慮集合の中から，消費者は自分の効用を最も高めてくれそうな製品・ブランドを選択することになる。このとき，消費者は，代替関係にある製品・ブランドの評価を行う必要がある。この評価は消費者が感情的にあるいは合理的に，様々なやり方で行っていると考えられる。そうしたやり方の中で，一般化しうる選択モデルとして，補償型と非補償型の評価方法が存在する。

　補償型は，ある属性の評価が低くても，他の属性の評価が高ければそれによって全体の評価がカバーされるという，総合評価方式である。属性間で評価が補償されるタイプの評価方法といえる。製品を属性の集まりと考えたとき，各属性について評価を行い，それらを属性の重要度でウェイトづけして加算するというのが代表的なやり方である。例えば，パソコンという製品を，{メモリ，記憶容量，価格}のような属性の集まりと考えた場合，それぞれの属性を10段階で評価し（あるパソコンは，メモリが10点，記憶容量が6点，価格が8点といった具合），各属性の重要度でウェイトづけして評価をする（仮に，メモリには0.3のウェイト，記憶容量に0.2のウェイト，価格に0.5のウェイトとすれば，この製品の評価は，$0.3 \times 10 + 0.2 \times 6 + 0.5 \times 8 = 8.2$となる）。このとき，効用関数と同様，数値自体に意味はなく，大小関係が整合的に付けられていればよい。

　非補償型は，属性間で評価が補償されないタイプの評価方法である。この評価方法の下では，ある属性の評価が低い場合に，それが他の属性によってカバーされない。例えば，連結型や辞書編纂型などがある。連結型は，考慮すべきすべての属性について必要条件を設定し（メモリは8G以上，記憶容量は500G以上など），すべての必要条件を満たす最初に出合った製品・ブランドを購入するというものである。辞書編纂型は，最も重視する属性に関して最も高い評価を持つ製品・ブランドを購入し，複数の製品が同評価の場合には，次に重視する属性の評価を比較するというやり方である（まずはメモリが16G以上という基準を設け，複数のブランドがその基準を満たす場合には，次は価格が10万円以内という基準で評価するといったやり方である）。

　消費者が合理的で計算能力が非常に高ければ，補償型の意思決定ルールが採

用されやすいだろう。経済学の仮定する合理的な消費者はその究極的な姿で，すべての情報を持っており瞬時に効用最大化問題を解くことができる人間を想定している。もちろん，現実の人間は限定された能力しか持っていない。そのため，補償型のルールは機会費用が高くなる（考えるのに時間がかかり面倒である）ことが多い。そこで，より簡便な非補償型のルール，あるいはさらに簡便な方法（いつも買っているものを選ぶ等）が取られることになる。選択肢が多すぎたり，時間がない中で選択しなければならなかったりする場合には，とりわけその傾向が強くなるだろう。限定された合理性しか持たない消費者にとっては，たとえ最大の効用を生む製品が選択できないとしても，簡便なルールを用いたほうが計算費用を節約できて，結果的に合理的であることも多いのである。特に，購入経験のあるブランドは評価を行う手間（費用）がかからず，未知の製品と比較した場合に，期待効用と計算費用の差が相対的に大きくなりがちである。

　他方で，分析する側から見れば，補償型の評価を前提としたほうが，どの属性がどれだけ購買確率に影響を及ぼしているかといった定量的な評価を行いやすい。人間は，個別の意思決定の場面では完全には合理的ではなくても，試行錯誤を繰り返すことによって，結果的に合理的な選択にたどり着いていると考えることもできる。買ったことのない製品・ブランドを確率的に購入してみて，気に入らなければ次回からは考慮集合に入れないといったことを繰り返していけば，結果的には最も高い効用を与える製品・ブランドが選択され続けることになる。

　実際，マーケティング・サイエンスの分野では，ブランドの属性やマーケティング変数などから消費者の効用が決まるモデルを仮定して，ブランド固有の魅力やそれぞれのブランドが持つ属性が及ぼす影響についての実証分析が多数行われている。消費者が重視する属性がわかれば，企業が注力すべきイノベーションの方向性もある程度把握できるはずである。

3.2　ニーズ・プルとシーズ・プッシュ

　新たな独占市場を構築するような画期的なイノベーションを起こすには，究

極的には2つの方法しかない。1つは企業にとっては潜在的であるが，（一部の）消費者にとっては顕在化している課題を解決すること（ニーズを満たすこと）である。もう1つは，（多くの）消費者にとっては潜在的であるが，（一部の）企業にとっては顕在化しているニーズを消費者に示すことである。つまり，前者は，消費者は知っているが企業は知らないニーズを把握してそれを満たすイノベーションで，後者は，企業がシーズを持っており（多くの場合製品・サービスそのもの），それを消費者に提示することで，消費者が気づいていなかったニーズを喚起するイノベーションである。

　この点に関し，玉田（2015）は，破壊的イノベーションを起こすやり方は，「無消費」の状況を探し，それを解決することであると述べている。無消費の状況とは，何かしらの制約によって消費者がそのニーズを満たせていない状況である。その制約から消費者を解放することで破壊的イノベーションが起こせる。制約としては，(1)スキルによる制約，(2)資力による制約，(3)アクセスによる制約，(4)時間による制約，が挙げられている。

　スキルによる制約は，使いたい製品・サービスがあっても，スキルがなくて使えない状況である。1970年頃までのコンピュータは一部の専門知識を持つ者にしか使えず，本当は使ってみたいという企業にとって潜在的なニーズがある状況である。資力による制約は，本当は欲しいけれど高くて買えないという状況である。アクセスによる制約は，製品・サービスが利用できる場所や状況が限られている状況である。使いたいけれど，そこまで行くのにコストや時間がかかるという状況で，例えば，家庭用ゲーム機が登場する前には，ゲームセンターでしかゲームで遊べなかったような状況である。時間による制約は，消費するのが面倒であったり，時間がかかりすぎたりする状況である。娯楽を楽しみたいが，平日は，1回2時間の映画を観るほどの時間がとれないといった状況である。

　無消費の状況が見つからない場合には，満足過剰の顧客を探すことが，破壊的イノベーションを起こす次善の策である（玉田, 2015）。すなわち，イノベーションのジレンマに陥っているような市場を探すことである。性能がそれ以上向上しても満足度の向上にはつながらない場合には，持続的イノベーションではなく，よりシンプルで低価格なソリューションを提供することで，破壊的イ

ノベーションを起こせるのである。

　こうした制約や過剰な満足を，消費者が認識している場合もあればしていない場合もあるだろう。消費者が認識している制約や過剰な満足を，企業が把握して解決する手段を提供するイノベーションは，ニーズがイノベーションを牽引するという意味で，ニーズ・プル型の破壊的イノベーションといえる。また，消費者が認識していない制約や過剰な満足を，企業が新製品・サービスを提供することで認識させ，購買意欲を喚起するイノベーションは，シーズがイノベーションを起こすという意味で，シーズ・プッシュ型の破壊的イノベーションとも呼ぶべきものである[2]。

　ただし，後者の場合にも消費者の制約や過剰な満足を，企業が把握できていなければならない。その意味では，いずれのケースでも，やはり消費者のニーズを把握することがイノベーションを起こすうえで最も重要であることはいうまでもない。

3.3　消費者の役割

3.3.1　イノベーションの主体

　かつては，イノベーションを起こすのは企業の役割と考えられてきたが，近年では，ユーザーがイノベーションを起こすケースにも注目が集まっている。例えば，企業が認識できていないニーズを，消費者が自らの行動によって認識させることで，多くの消費者に受け入れられるようなイノベーションが実現するケースである。ヒッペルは，リードユーザーを観察することで，こうしたイノベーションが実現できることを指摘しており，これをユーザーイノベーションと呼んでいる（Hippel, 1986）。

　消費者にとっても，新製品の購入は不確実性の高い投資である。消費経験があれば，それが最も確実な情報源となるが，新製品の場合は，購入しても費用に見合う効用が得られるかがわからない。この新製品が消費者の考慮集合に入るためには，性能に関する不確実性を減らす必要がある。そのためには，企業の販売促進活動だけでなく，すでに消費経験のある消費者の感想等が有効であ

る。したがって，こうした不確実性は，リードユーザーの存在により，時間とともに解消していく。

他方で，考慮集合に入ったとしても，新製品が選択されるには，価格やその製品から効用を得るのに必要となる投資コストも考えねばならない。例えば，スマートフォンの機種を変更する場合には，新たな端末の操作に慣れる必要があり，こうしたスイッチングコストも，効用を得るための投資コストとなる。

3.3.2 ロジャースのイノベーター理論

上述の通り，多くの消費者にとって，新製品が購買の考慮集合に入るためには，リードユーザーの存在が重要な役割を果たす。ロジャースは，新製品・サービスに対する購入態度（積極性）によって，消費者のタイプを5種類に分類している（Rogers, 1967）。それによれば消費者は，イノベーター（革新者：2.5％），アーリーアダプター（初期採用者：13.5％），アーリーマジョリティ（前期追随者：34％），レイトマジョリティ（後期追随者：34％），ラガード（遅滞者：16％）に分類される。

イノベーターと呼ばれる消費者は，好奇心が強く，新しい製品・サービスを積極的に取り入れるタイプの消費者である。商品の良し悪しよりも，いち早く手に入れることを重視するタイプで，新型iPhoneを発売日に手に入れようと店頭に並ぶような消費者のことである。アーリーアダプターは，最新のトレンドに敏感で，良いと判断したものを積極的に取り入れるタイプの消費者である。他の消費者層に影響を与える「オピニオン・リーダー」とも呼べる層で，新商品・サービスの普及に大きな影響を持つ。インフルエンサーと呼ばれる人たちもこの層に属すると考えられる。アーリーマジョリティは，新しいモノを取り入れるのに慎重ではあるものの，平均よりも早く取り入れる傾向のある消費者である。市場全体の34％を占める重要な層で，アーリーアダプターの動向を購入判断の材料としている。市場に製品・サービスを浸透させるための「ブリッジ・ピープル」と呼ばれ，この層を取り込まないことには新製品・サービスは市場に浸透しない。レイトマジョリティは，新しいモノの導入に懐疑的であり，大多数の人が使用するまで取り入れようとしないタイプの消費者である。良いものであると確証を得てからでないと購入しないため，行動するのが非常に遅

いのが特徴である。この層を取り込むには，「多くの人が使っている」「使っていない人のほうが少ない」といった市場に浸透しているイメージが重要となる。最後に，ラガードは，一般的に普及していても自身が不要だと思えば導入しないタイプの消費者である。全体の16％を占めているが，弾力性は非常に低く，この層をターゲットにマーケティングを行うのは誤りともいえる。スマホが普及する中でガラケーを使い続けるようなタイプである。

3.3.3 ユーザーイノベーション

　イノベーター理論による分類は，どちらかというと，イノベーションに関して消費者は受け身である。すなわち，イノベーションは企業が起こすものという暗黙の前提がある。しかし，近年では，ユーザーがきっかけとなるイノベーションの重要性が認識されている。垂直的なB to Bの取引関係において，ユーザーである自動車メーカーが，系列である部品の供給業者に，特定の車種に必要な部品を開発してもらうといったことも，ユーザー発のイノベーションの1つの形態である。他方で，ヒッペルは特に，ユーザーが製品自体はそのまま利用しつつも，企業が想定もしていなかったような新しい使い道を発明する現象に着目している。

　例えば，小川（2013）では，紛失したiPhoneを探すためのアプリである「Find iPhone」というアプリを，ユーザーが，応援するマラソンランナーの位置を知るために用いたという新用途の発見が例として挙げられている。また，建築現場での塗装時に周辺に貼る粘着テープを，雑貨用途に転換したマスキングテープもユーザーによる用途イノベーションの好例である。

　こうした用途イノベーションは，企業にとっては潜在的で，（一部の）消費者にとっては顕在化しているニーズを，企業が把握することで実現するイノベーションと考えられる。その実現頻度を高めるには，リードユーザーの観察が有効といわれている。リードユーザーは，市場の多数のユーザーに先行して新しいニーズに直面している消費者のことである。その新しいニーズに対して解決手段を提供することで，他の多くの消費者にとっても潜在的であったニーズが顕在化し，大きな便益が期待できる（小川, 2013）。

　例えば，スニーカーを大事に履きたいユーザーが，急な雨のときにスニー

カーが濡れないようカバーを被せるようになり，それが消費者の間で広まると，ある程度の市場規模が見込めるようになり，企業による製品としての開発が行われる。現在はスニーカー用のシューズカバーあるいはレインカバーという製品カテゴリも定着し，様々な製品が販売されている。これも，一部のリードユーザーの新たなニーズが他の消費者にも顕在化して，新たな市場を形成した例である。

　ヒッペル（Hippel, 2005）によれば，リードユーザーを発見するには，その市場あるいは類似市場において，極端な課題に直面しているユーザーを観察することが近道である。スポーツ用品であれば，その分野でのトップクラスのアスリートに着目するのである。そうしたアスリートが求める機能・性能を実現していくことで，やがてその一部が，他の消費者のニーズを喚起するような製品・サービスへと化体していくのである。例えば，マラソン選手が求める耐久性，軽さ，走り心地を追求したシューズが，やがて一般のランナーの求める機能・性能の要求水準を高める効果を持つ。それが，他社製品との差別化を図る機会となるのである。

3.3.4　ユーザーイノベーションによる市場の形成

　ユーザーイノベーションのルートとしては，まず，あるリードユーザーが製品の改良や用途発明を行うことから始まり，それが他の消費者によって真似されたり，購入されたりする。そして，類似製品を利用する消費者が増えていき，ある程度の市場規模が見込めるとメーカーが参入して市場が成立する（小川, 2013）。したがって，その分野におけるコミュニティに属している消費者ほど，ルートに乗りやすい。オンラインサイト，SNS等により，コミュニティ化が進み，ユーザーが発明・デザインを公開し，それに対して他のユーザーがコメントしたり，あるいはさらなる改良を加えたりすることで，評価・選別を通じて人気が高まり市場性が生まれやすくなる。

　他方で，こうしたコミュニティで交換される情報は，受け手が知識を持っていないと十分に活用できない。情報技術に疎い人が，オープンソースソフトウェアのコミュニティにおける情報のやり取りを観察しても，そうした情報を十分に活用することはできないだろう。情報は公共財的性質を持つといわれる

が，実際には情報はただでは移転できないことも多い。すなわち，情報を活用するには知識が必要で，その意味で，情報には「粘着性」がある（Hippel, 2005）。メーカーが持つ製品に関する技術情報にも，ユーザーが持つニーズ情報にも，多少なりとも情報の粘着性が存在するはずである。

したがって，メーカーの保有する技術情報の粘着性が低く，ユーザーが製品に関する情報を理解しやすい場合，そして，ユーザーのニーズ情報がメーカーにとっては粘着性が高い場合には，イノベーションのタイプとして，ユーザーイノベーションの必要性がより高まる。特に，製品が使いやすく，消費者の使い方が独特であるときに，ユーザーイノベーションが起きやすいといえる。

● 注
1　実際には，選好ではなく予算制約が人によって異なると考えても，右下がりの需要曲線は得られる。
2　前者はマーケット・プル，後者はテクノロジー・プッシュあるいはプロダクト・プッシュと呼ばれる概念に類似している。しかしここでは，まだ市場が成立していない状態も含めてニーズ・プル，また技術に限らないこと，製品化に至っていないアイディア段階のものも含めてシーズ・プッシュという呼び方をしている。

■ 参考文献
（日本語文献）
玉田俊平太（2015）．『日本のイノベーションのジレンマ』翔泳社．
小川進（2013）．『ユーザーイノベーション：消費者から始まるものづくりの未来』東洋経済新報社．

（英語文献）
von Hippel, E.（1986）. Lead users: A source of novel product concepts. *Management Science*, 32(7), 791-805.
von Hippel, E.（2005）. *Democratizing innovation*. Boston, MA, U.S.A.: MIT Press.（サイコム・インターナショナル訳『民主化するイノベーションの時代』ファーストプレス，2005年）．
von Hippel, E., Franke, N., & Prügl, R.（2009）. Pyramiding: Efficient search for rare subjects. Research Policy, 38(9), 1397-1406.
Rogers, E. M.（1967）. *Diffusion of innovation*. New York, NY, U.S.A.: Free Press（三藤利雄訳『イノベーションの普及』翔泳社, 2007年）．

Shocker, A. D., Ben-Akiva, M., Boccara, B., & Nedungadi, P. (1991). Consideration set influences on consumer decision-making and choice: Issues, models, andsuggestions. *Marketing Letters*, 2(3), 181-197.

第Ⅱ部

イノベーション・マーケティング
―競争力強化を目指したマーケティング戦略立案のために

　第Ⅱ部では，何に着目して付加価値を創出するのか，そしてそれを顧客にどのように伝えるのかを考えたい。これに迫るには，マーケティング論の立場から理解したほうがよい。顧客や市場から見たモノやサービスの価値には実に多様な視点があり，それぞれに伴った事業機会の発見や差別化の方策が存在する。

第Ⅱ部　イノベーション・マーケティング

第4章

差別化と市場創造へのアプローチと課題

──古典的マーケティング論の再考とイノベーション論との融合

> 本章で学ぶ内容
> - マーケティングとは何か？
>   　いまやテレビドラマのセリフでも使われるほどになった用語「マーケティング」だが，その本質をしっかりと理解している人は少ない。
> - 過去と現在のマーケティングの違いとは？
>   　マーケティングは時代ごとにその姿を変えてきた。時代背景に即したマーケティング戦略が構築されてきている。
> - 製品やサービスが誕生してから消え去るまでの過程とは？
>   　様々な理論も結局はこの過程を分析する中で生み出されている。

　ここからは，実際に製品やサービスの付加価値を高め，収益化を目指す活動であるマーケティングに焦点を当てる。現在のマーケティング論はその範疇とする領域が非常に広く，したがってイノベーションに関する知見も次々と包含してきた。その一方で，イノベーション論や技術経営論はまた新たな別の知識体系として確立している。当然ながら両者の知見はオーバーラップする部分が多く，また個々の要素に関する主張については微妙に差異も見られる。そして悩ましいことに，一部については相反する主張がなされている。そこで本章では，改めてこれらの融合を前提とした両者の基礎的知見を整理してみよう。

第4章　差別化と市場創造へのアプローチと課題

4.1　マーケティングとマーケティング・リサーチ

　マーケティングの定義についてはすぐこの後で解説するが，本来の意味はその名の通りmarket（市場）＋ing（進行形）である。あえて直訳すると「市場する（している）」となろうか。このように日本語としては成立しない用語であるが，その考え方はさほど遠くない。つまり，市場に関連するすべての行為がマーケティングの一環であるといえる。したがってマーケティングは，その出自から広大な意味を内包する概念として広まってきた。

　マーケティングの概念の出発点はいくつかの説があるが，「米国マーケティング協会（American Marketing Association）」が1937年に2つの組織が合併することで設立されており，このころから米国内でマーケティングに対する興味関心が浮上し，その後1980年代に急速に世界中に広まったと考えられる。

　このような出自を持つため，マーケティングの概念は非常に広い。そこでまずはしっかりとその概念を摑むことから始めよう。

　幸い，マーケティングの定義はいくつかの代表的な機関で論じられ，公開されている。まずは「日本マーケティング協会」が1990年に作成した定義である。

　「マーケティングとは，企業および他の組織[1]がグローバルな視野[2]に立ち，顧客[3]との相互理解を得ながら，公正な競争を通じて行う市場創造のための総合的活動[4]である。」

1）　教育・医療・行政などの機関，団体などを含む。
2）　国内外の社会，文化，自然環境の重視。
3）　一般消費者，取引先，関係する機関・個人，および地域住民を含む。
4）　組織の内外に向けて統合・調整されたリサーチ・製品・価格・プロモーション・流通，および顧客・環境関係などに係わる諸活動をいう。

　冒頭で述べた通り，マーケティングはing形であることから，ここでも「…活動である」という表現で定義されている。つまり，マーケティングとは人や

組織が担う行為であるといえる。日本マーケティング協会の定義のポイントは，シンプルにまとめることを意識しつつ，各用語に注を付けることで，その概念の広さに対応している。またここでは，マーケティングは企業等の営利機関のみの活動ではなく，学校や病院，行政など非営利機関が実行する活動であるとし，その視野も文化や自然環境等まで含んだものとなっている。同協会では，この定義に至るまでの議論の過程をレポートの形でまとめ，HPにアップしている。

次に米国マーケティング協会の定義を見てみよう。本書は大学生を対象としたテキストとしての役割もあることから，HPに掲載されている原文をそのまま掲載するとともに，筆者の日本語訳を合わせて掲載する。

なお，本定義は2007年にそれまでのバージョンから大幅に改訂され，2013年に再度議論されたものの，そのまま承認されている。

"Marketing is the activity, set of institutions, and processes for creating, communicating, delivering, and exchanging offerings that have value for customers, clients, partners, and society at large."

「マーケティングとは，顧客，依頼人，パートナー，社会全体にとって価値のある提供物を創造，伝達，流通，交換するための活動や一連の制度，過程である。」

こちらも「マーケティング＝活動」という構造になっているが，活動のほかにも制度や過程であるともしている。また，もう1つの特徴として，「価値（value）」をキーワードとして使用していることが挙げられる。実際，2007年に改訂する前の定義では，価値という用語は入っていなかった。このことから，近年のマーケティングは顧客のみならず，あらゆる対象にとって価値ある何かを提供することが重視されているといえる。そこで本書でも，価値についてはまた新たな章を設けて論じることにする。

なお，マーケティングの定義として最もよくある誤解は，次の2通りであろう。1つ目は「マーケティング＝販売活動（セールス・プロモーション等）」と考えてしまうこと，もう1つは「マーケティング＝市場調査」と考えてしま

うことである。特に社会全体における2つ目の誤解は根深いように思われる。そのことを鑑みてか，米国マーケティング協会では，マーケティングの定義と合わせてマーケティング・リサーチの定義も併記している。紙面の都合上，原文は割愛し，筆者の訳文を示す。ただ，原文は非常によく練られた良文なので，学生諸氏はぜひHPを一読されたい。

「マーケティング・リサーチとは，あらゆる情報を通じて消費者，顧客，および公衆とマーケターをつなぐ機能であり，その情報とは，マーケティングに関する機会や課題を明確にし，マーケティング活動を創出，洗練，評価し，マーケティングのパフォーマンスを測定し，プロセスとしてのマーケティングの理解を深めるものである。マーケティング・リサーチはこれらの課題に言及するために必要な情報を明確にし，情報収集のプロセスを設計，管理，実行する。そしてそれらの結果を分析し，結論や含意を伝える。」

実に良い定義だと感じる。ただ，やや理想的すぎるかもしれない。究極の目標といったところか。実際は，ここまで完璧にマーケティング・リサーチできている組織は極めて稀だろう。むしろ，このうちの一部を目的として実行していると思われる。

4.2　マーケティングとイノベーションの違い

第Ⅰ部で深く論じられたように，イノベーションは日本語でいう革新に当たり，そこから徐々に学術的概念を拡張してきた。ヨーゼフ・シュンペーターという経済学者が1912年の著書『経済発展の理論』でイノベーションという言葉を経済学用語として再定義したことに端を発する。その背景として，経済の発展は，経済の循環とは性質を異にするもので，そこには循環に見られる連続的な均衡状態はなく，非連続的・断絶的な様相を呈するとしている。そしてイノベーションは，新しいニーズが消費者側からわき起こるよりもむしろ，生産の側からニーズを創造するべきと主張した。

また，ピーター・ドラッカーは，その著書『マネジメント論』の中で，企業

の目的は，社会やコミュニティ，顧客のニーズを満足させることであり，究極的にはそれは「顧客の創造」であるとしている。そして「顧客の創造」を実現するには，マーケティングとイノベーションの2つの機能が必要であると考えた。

ただし，マーケティングとイノベーションは，マネジメントの中では相反する関係（トレード・オフ）になることがある。このことが両者のギャップを容易に越えさせない原因となっている。

元来，マーケティングとは顧客志向が大前提であり，顧客の要望をあらゆる手段でキャッチし，それをもとにまた新たな顧客を創造する。

一方，イノベーションとは顧客に今までとは異なった価値を提供するものであり，その過程においては，あえて顧客からいったん離れる必要がある。

このトレード・オフは，学術的には実に興味深く，また実務的には実に悩ましい課題である。そこで後述のイノベーションのジレンマの中で再び焦点を当てることにしよう。

さて，改めてシュンペーターは，イノベーションは，新しい知識やアイディアを創出することのみならず，既存の知識やアイディアを組み合わせることによって実現可能だと主張した。これを知識の新結合と呼び，このことにより以下の5つのタイプのイノベーションが実現されるとしている。

・新しい生産物または生産物の新しい品質の創出と実現
・新しい生産方法の導入
・産業の新しい組織の創出
・新しい販売市場の創出
・新しい買いつけ先の開拓

ここで確認しておきたいのは，イノベーションとは新しい製品やサービスの創出のみを指すのではなく，それらの品質の向上や，新しい生産方法の導入も含むことである。さらに，新製品・新サービスを開発し市場投入するための新しい組織の構築，新しい販売市場（買い手）の開拓，新しい供給者（売り手）の開拓も，イノベーションの定義に含まれる。

また，イノベーション論を専門として研究していると，最も多く受ける質問はやはり「イノベーションって何？」である。そこで，筆者は普段，イノベーションを主題とした高校生や大学生，一般向けの講座などでは，必ず冒頭に次の方程式を使って「イノベーションって何？」を説明している。

　　イノベーション（Innovation）＝発明（Invention）×普及（Diffusion）

　この方程式は，あくまでも一般向けとして，それまでイノベーションに馴染みのない人たちに対する学習の導入として活用している。発明は，おそらくほとんどの人にとって生み出す機会はないものの，比較的わかりやすい事柄であろう。例を挙げれば，トーマス・エジソンの白熱電球やカール・ベンツの自動車のエンジン，最近では山中伸弥京都大学教授のiPS細胞の生成技術など，枚挙に暇がない。

　一方，皮肉にも普及は多くの人が携わることである反面，そのプロセスを正確に把握することは極めて難しい。そしてここにイノベーションとマーケティングとの近接点がある。発明が広く社会に普及して初めてイノベーションとなる。しかし発明は往々にして使い勝手が悪かったり，コストが高かったり，そもそも人の役に立たないものもある。普及のプロセスには非常に多くの障壁が存在する。マーケティングはこのすべてを範疇としている。だから対象は際限なく広い。発明や発見そのものは他領域に譲ったうえで，そのサーチから市場や顧客にとっての価値化，社会受容までを内包する。しかも，もちろん発明や発見を伴わない価値化とその普及もマーケティングの対象となる。

4.3　マーケティング・コンセプト

　さて，それではここからはマーケティングの本質的な内容に入っていくことにしよう。まずはマーケティングのコンセプトについて，歴史的な推移とともに見ていく。これは現在のマーケティングを理解するうえでもとても重要である。

　なお，ここでいうマーケティング・コンセプトとは，次のように定義される

ものである。

「企業，非営利機関，行政などを経営するに当たって必要とされる市場に対する考え方やスタンス」

以降，このマーケティング・コンセプトについて，4つの段階に分けて解説する。

4.3.1　プロダクト志向・シーズ志向

　世界的に見て20世紀前半から1970年代までの間で支配的なコンセプトであり，日本でも1980年代までは根強い考え方であったといわれるのがこのコンセプトである。当時の新製品開発の最大の動機は「こんなものがあったら面白い」という発想で，その発想の根源は技術者や研究者であった。特に日本では工学系の技術者が，「世の中の役に立つモノ」「生活をより便利にするモノ」という思考で次々と新しい製品を開発し，市場投入した時代である。これらの製品は，日本以外でも認められるケースが多く，技術立国日本の礎となった。現在でも大半の総合系国立大学に工学部あるいは理工学部が設置され，かつそれらとは別に多数の工業大学が存在することも，このような時代背景と無縁ではない。

　この背景として，先進国を中心とした巨大な需要の存在があった。多くの人が便利で豊かな生活を実現するために，様々なモノを必要とした。「いいモノを作れば必ず売れる」と考えられた時代であり，歴史上，最もイノベーションを起こしやすかった時代かもしれない。

　このような時代では，そもそもマーケティングの概念自体が不要であったと考えられる。当時の文献を読み返すと，マーケティングという言葉が登場することはあるが，現在考えられている，いわゆる顧客起点のマーケティングとは異なっていることがよくわかる。しかし1980年代に入り，「はじめに製品ありき」といわれたこのコンセプトは失われ，イノベーションとマーケティングは次のフェーズへ移る。

4.3.2 販売志向

　先進国における巨大な需要にかすかな終焉が感じられるようになる時代である。消費者にとって便利な生活を送るのに最低限必要な製品が，ほぼすべての家庭に行き届いたためである。様々な業界における顕在的な需要が飽和を迎えることで，市場のパワーバランスが売り手から買い手へと移っていった。

　イノベーション創出のプロセスは，ラジカルな新製品開発からインクリメンタルな開発へ，全く新しいモノを提供することよりもより良い品質や機能の搭載へ，プロダクト・イノベーションよりもコストダウンに直結するプロセス・イノベーションへと移っていった。この時代には「アップグレード」「バージョンアップ」「ハイクオリティ」「ワンランク上へ」というキーワードが頻繁に使われ，提供者は消費者の買換えを強く促した。

　組織としての大きな変化が，メーカーにおける販売専属部隊の誕生である。その誕生以来，急速に販売部門は大きくなり，多くのメーカーにとって最も多くの従業員を抱える部署となった。「ノルマ」や「販売実績」というマネジメント用語が多用され，需要喚起に注力した。このような思考は現在まで続いている。

4.3.3 ニーズ志向・顧客志向

　プロダクト志向や販売志向におけるコア・コンセプトの1つが「製品を生み出すのは技術者や研究者」であるとするならば，ニーズ志向のそれは「製品を生み出すのはお客様」となる。どんなに販売部門を強化しても，いずれメーカー側の興味本位や技術的追求から生まれるモノは売れなくなる。最大の理由は製品特性における「ニーズの超越」にある。

　「アップグレード」や「ハイクオリティ」を目指した技術開発は，その目標を達成するたびに消費者の求めるニーズを満たし，そしていずれそれを越える。クリステンセンが1997年に主張したハイテク産業におけるこのイノベーションのジレンマは非常に明快で，世界のマーケティングに変化を促した。多くの企業において，「顧客が本当に欲しいものは何か」という問いをより深く思考するようになった。

そしてこの問いかけは現在でも継続されている。現在のマーケティング・コンセプトもこの「ニーズ志向」が中心といえるだろう。セオドア・レビットが指摘したとされ，最近になって改めてクリステンセンが引用した次のフレーズ：

"People don't want to buy a quarter-inch drill, they want a quarter-inch hole."
（人々はドリルが欲しいのではなく，穴が欲しいのだ）

が，再び昨今の経済誌を賑わせているのも，いまだに多くの企業が依然としてこのニーズ志向のマーケティング（の浸透）に苦戦している表れかもしれない。マーケティングのコンセプトはいまや，売るという行為そのものを営業・販売部門だけに任せるのではなく，企業全体で考えるものへと変化した。これが「製品を生み出すのはお客様」という思考に帰結する。

しかし，そもそも全社的にマーケティングを考えるとはどういうことなのか。新製品開発の根源が顧客にあるというのなら，ひたすら顧客目線で，顧客の声を聴くことに注力すればよい。実際に，顧客のニーズをより深く捉えるための質的調査研究の手法も進化している。しかしその一方で，顧客の声に耳を傾けるだけでは，顧客が想像もしていないような提案はできず，イノベーションも生み出せないとイノベーション論は唱える。

レビットの「ドリルの穴」から得られる現在への示唆としては，企業はドリルの性能ばかりに注力するのではなく，あるいは穴のサイズや形状でもなく，なぜ穴が欲しいのかという顧客の生活そのものということになるだろう。そして今，我々は「そもそも穴なんかいらない生活」を創造することが求められている。

4.3.4　社会志向・絶対価値志向

このコンセプトはすべての，あるいは多くの企業が取り入れているわけではない。先の3つのコンセプトは，歴史的経緯とともに多くの企業内で進化してきたコンセプトといえるが，この社会志向については，どこまで浸透するかは

まだ未知数である。このコンセプトの中心的な考え方は，「そもそも人や社会にとって我が社の価値とは何なのか」にある。

「企業の社会的責任や社会貢献」という概念がある。建設業なら「植林」，コンビニエンスストアなら「災害時の食料供給」などが挙げられるだろう。また，地方の企業が地元住民とともに街の清掃や美化に努める例もある。本業の儲けとは一線を画したところで，人や社会に貢献できることがある。これらは総じて高く評価されており，上場企業であるならば株価に反映されることもある。

しかしこの社会志向コンセプトは，このような狭義の範囲にとどまらない。そこには「絶対価値」という思想が見え隠れする。企業経営やマーケティングの多くは相対的な要素から構成されており，このアンチテーゼとして絶対価値志向が形成される。具体的には，特に特定市場でトップに立った企業において，次の2つの課題が浮上することになる。

1つ目は，相対価値の追求は終わりなき勝ち負けの繰り返しに陥るということである。例えば現在，市場シェアでトップに立っている企業においても，それは相対的な比較においてそうであるというだけで，これを維持しようとすれば，半永久的に相対比較論を追求しなければならない。これは企業の，あるいは産業全体の疲弊を招くことにつながりかねない。

2つ目は，競合他社との相対比較においてトップに立った瞬間に，その目標を失いかねないということである。これが仮に「絶対価値の追求」というマーケティング・コンセプトが確立されていれば，そもそもシェアでトップに立ったことすら，その企業にとっては大した意味はないかもしれない。あくまでも顧客との関係において絶対的な価値を追求するのであって，そこには競争上の勝ち負けや終わりというものはなく，イノベーションに挑戦しやすくなる，というわけだ。

先に述べたように，この志向がどの程度の企業に浸透するかは現時点では不透明である。その理由は，絶対価値の概念が曖昧でわかりにくく，具体的なアクションに落とし込みにくいからである。また，現在のように短期的収益化のプレッシャーが強い中では，そこまで取り組める余裕のある企業は少ないのも事実である。

4.4 イノベーションのジレンマ（破壊的イノベーション）

イノベーションのジレンマとは，クレイトン・クリステンセンが書いた著書 "The Innovator's Dilemma"（邦訳：『イノベーションのジレンマ』）により広まった知識体系である。イノベーションという言葉や概念が今日のように広く浸透した発端となったのがこの理論といっても過言ではない。

その主な概念は，次の①から③の流れで整理される。

① イノベーションのジレンマに陥りやすいのは，世間から尊敬を集めるような優良・巨大企業である。
② 優良・巨大企業の社員は優秀で勤勉であるがゆえに，顧客が持つ潜在的な需要に盲目的になってしまう。
③ 技術力やその他の指標において大きく劣るものの，そうであるがゆえに競争相手としてみなしていなかった新興企業が提供する，低質かつ安価な商品にその地位を奪われてしまう。

この3段ロジックを説明するために，『イノベーションのジレンマ』では半導体分野のハードディスク市場等を取り上げ，それを詳細に調べ上げている。この3段の中で最も疑問が残るのは②であろう。優秀な社員なら顧客のニーズに俊敏かつ丁寧に対応するはずだからである。それでは，なぜこのような現象が想起されてしまうのか。その理由として，次のような背景が隠されている。

・優れた企業ほど顧客のニーズに応えて従来製品・サービスの改良を進める
・イノベーションには既存製品の改良を進める持続的イノベーションと，既存製品の価値を破壊するかもしれない全く新しい価値を生み出す破壊的イノベーションがある
・優良企業は現在の顧客志向を重視するあまり，持続的イノベーションのプロセスを重視し，破壊的イノベーションを軽視する

このような背景があるために，優良企業の持続的イノベーションの成果は，ある段階で顧客のニーズを越えてしまう場合がある。そしてニーズを越えた価

値が付加されているということは，その分顧客が必要としない機能や性能にまで対価を支払っていることを意味する。ここに破壊的イノベーションが起きる隙が生まれる。

　市場においてこのようなニーズの超越状態が見られるときは，破壊的イノベーションが起きる可能性が高まっているといえる。その結果，（市場を押さえている企業から見たら）突如現れた新興企業が，全く異なる価値基準を搭載した製品やサービスを自分たちの顧客に提案し始める。そして一度この製品やサービスの価値が市場で広く認められると，優良企業の提供してきた従来製品の価値は消失していく。クリステンセンはこれを破壊的イノベーションと呼んだ。

　まとめると，顧客を大事にすればするほど守りの姿勢に入り，新興企業の破壊的イノベーションに駆逐されてしまう可能性が高まる。この状況がまさにジレンマと呼ばれる所以である。

　実際に破壊する側とされる側の例を挙げれば，枚挙に暇がない。古いところでは，人力車vs自動車（内燃機関）から始まり，クラシックピアノvs電子ピアノ，万年筆vsボールペン，ゲームセンターvs家庭用ゲーム機vsオンラインゲーム等々，身の回りには破壊的イノベーションの例は数多く存在する。これらはいずれもテクノロジーの進歩がもたらしたものだといえるだろう。

　さらに破壊的イノベーションは，モノづくりの分野だけにとどまらない。サービスの分野でもまた破壊事例は多く存在する。従来の理髪店vs格安理髪店，音楽レコード・CDvs配信型音楽サービス，ホワイトカラー業務vs各種業務用ソフト（会計ソフト等），一般寿司店vs回転寿司店等々，いずれも従来のサービスが持っていた付加価値の多くをそぎ落として，コアなサービスのみに注力することで市場に侵入していることがわかる。

　ただし，破壊される側も黙って見ているわけではない。最近では，優良企業自らが自分たちの市場を破壊するような製品やサービスを生み出すケースも出てきた。例えば，大手航空会社vs格安航空会社（LCC）がその例である。大手航空会社は価格を下げてLCCに対抗するのではなく，自らLCCに出資する道を選んだ。低価格から高価格まで，多様なニーズに対応することで市場全体のさらなる成長が可能だという判断がそこにはある。具体的には，全日空は「バニ

ラ・エア」や「ピーチ・アビエーション」を，日本航空は「ジェットスター」を傘下に収めたり子会社化することで，もともと飛行機には縁のなかった人たちや，そこまで収入に余裕のない人たちにもフライトチャンスを提供している。

さらに，まさに多くの製品やサービスを破壊してここまで急速に大きくなってきた米国発の大手IT企業も，明確にこの戦略を採用している。アマゾンやフェイスブックなどは，自らのサービスにとって脅威となるサービスを提供する新興企業を次々と買収している。最も典型的な例が「インスタ」だ。インスタグラムはフェイスブックが運営していることを皆さんはご存じだろうか？写真がメインか，文章や引用の投稿がメインかを別にすれば，インスタグラムとフェイスブックは明らかにSNS市場における競合関係にあると思われるのではないだろうか。実際，フェイスブックのザッカーバーグ社長も同じように感じたに違いない。プレスリリースによると，フェイスブックは2012年に社員13名でまだ売上高すらほとんどないインスタグラムを10億ドルで買収している。

今後（あるいはすでに）破壊的イノベーションはさらに変容していく（している）かもしれない。

4.5 プロダクト・ライフサイクルとコモディティ化

多く製品やサービスは，誕生してから衰退するまで，ある決まったサイクルをたどるといわれている。それがプロダクト・ライフサイクルである。プロダクト・ライフサイクルの理論にはいくつかの解釈が存在するが，ここでは最も著名でわかりやすい4段階のサイクルを見ていこう。それが「導入期」「成長期」「成熟期」「衰退期」である。

これまで筆者が観測してきたところ，ほぼすべての製品やサービスがこの理論に適合する。中には形がいびつになったり，時間の長短が極端なケースも見られるが，それだけ強力な理論といえるだろう。換言すれば，事業者にとって自らが関与する製品やサービスが現在，どの位置に当てはまるかを認識しておくことは，次の戦略を打つうえで有益といえる。

第 4 章　差別化と市場創造へのアプローチと課題

図表 4-1　プロダクト・ライフサイクルにおける売上曲線（A）と利益曲線（B）

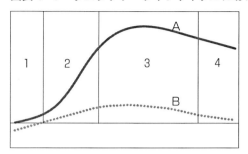

4.5.1　導入期の特徴

・製品が市場に導入されて販売が開始された時点から，徐々に販売数が伸びてゆく期間
・市場へ製品を導入するために多額の費用が発生するために利益は無い，もしくはマイナスとなることが多い
・この期間に投入できる資金は有限であるため，なるべく早く次のステージ「成長期」へ移行すべく，事業者は様々な戦略を打つことになる
・逆に多くのベンチャー企業はこの期間を脱出する前に資金切れを起こすリスクが高い

　すべての新製品・新サービスは導入期から始まる。このステージにおける主な顧客は，いわゆる新しい物好きの消費者や，搭載された付加価値と自身のニーズがぴったりマッチした人，ロイヤリティの高いファン，事業者の関係者（親族など）である。残念ながら上の特徴で挙げたマネーショートにより，ほとんどの新製品や新サービスはこのステージで市場から退場させられる。

　導入期の一般的な長さを計測するのは難しいが，全体の傾向として，短期的な収益化へのプレッシャーやイノベーション競争の激化から，徐々に短くなっている。ベンチャー企業であれば長くても数年で，大企業の社内事業であれば当該企業がどこまでコミットするかで大きく変わってくる。

　ただし，最先端技術の新事業などは，成果が社会に浸透するまでにもっと長

い年月が必要となる場合が多い。技術的課題も多く不透明であり，かつ経済社会のニーズがどこにあるのかを判断するのにも時間を要するからだ。そのため新技術関連のスタートアップ・ビジネスには一定の公的支援が用意されている場合も多く，新事業者はこれをうまく活用しながら長期に及ぶ導入期のマネジメントをすることが求められる。

4.5.2　成長期の特徴

・製品が市場で受け入れられ，大幅に売上が向上する期間
・導入期から成長期への移行の目安として，利益がマイナスからプラスへ転じるタイミングが挙げられる
・成長が有望視される魅力的な市場であるため，次々と競合他社が参入してくる
・そのため，同一市場内に多くのプレイヤーが入り乱れ，短いスパンでシェア等の様相は変化する
・各プレイヤーが競合他社との差別化を図るため，自社のオリジナリティをアピールした製品を投入してくる

　導入期の次は成長期が待っている。ただし，市場投入されたすべての製品やサービスが成長期を迎えられるわけではない。むしろ，新製品や新サービスの多くは導入期のままその生涯を終える。導入期から成長期へ移行したと客観的に判断するタイミングは非常に難しいが，1つの目安として「黒字化」がある。先に強調したように，導入期では基本的に利益はマイナスである。売上はあるものの，それ以上に開発費や生産コストが必要となるためである。

　一度成長期に突入すると，売上はそれまで以上に増加していく。その根拠として，市場の拡大が挙げられる。「軌道に乗ってきた」という言葉に象徴されるように，成長期は事業者にとって明るく，安心感のある印象が強い。しかしそれは間違いである。その最大の理由は競合他社の参入である。このときの競合の考え方は2通りある。1つ目は，自社が対象市場における最初のプレイヤーである場合である。この場合，苦労して市場形成に成功したとしても（あるいは成功したからこそ），2番手，3番手のプレイヤーに顧客を奪われ，市

場シェアを失うというリスクが生じる。

　このような状況で頻繁に観測される最も危険なパターンは，引き続き売上高が拡大するという局面にある。例えば，自社製品の売上が年率20％で伸びているとしよう。しかし市場全体が年率35％で拡大しているとすれば，自社をはるかに上回る競合他社が存在するか，次々と新しいプレイヤーが参入し売上を上げているということになる。したがって，事業者は第Ⅲ部で論じる知的財産による付加価値の保護を検討したり，ブランディングやその他様々なビジネスモデルを構築することにより，参入障壁を築き収益化を維持しなければならない。特にビジネスモデルの構築では，あえて競合他社の参入を誘導し，一気の市場拡大を実現しつつ，その中でのキーファクターを握るといった高度な戦略（オープン＆クローズ戦略）も散見されるようになっている。

　2つ目の状況整理は，自社が2番手，3番手といった後発の参入者である場合である。おそらく対象市場がすでに成長期に入り，一定の顧客確保が見込めるために参入を決断した場合がほとんどであろう。ここでの最大のポイントは，他にも同様の戦略を検討している企業が想定されることである。自社が参入を決断するほど魅力的な市場であるがゆえに，場合によっては短期間で多くのプレイヤーが入り乱れることになる。このとき観測される事象として，市場シェアの様相が刻一刻と変化することが多いので，注意深く見守ってほしい。

　以上のように，いずれの場合でも，成長期における争いはハードなものになる。そのため，各事業者は自社製品をより強く顧客に認識してもらうべく，他社との差別化が激しくなる。仮に製品やサービスの90％が他社のそれと大きな違いはないとしても，残りの10％を強くアピールすることでオリジナリティを強調するようなプロモーション戦略が採用される。こうして最終的に顧客から選ばれた上位数社の製品やサービスのみが生き残り，次の成熟期へと移行する。

4.5.3　成熟期の特徴

・製品が市場の潜在的消費者のほぼすべてに行き渡り，売上の伸びが成長期に比べて減速する期間
・多様な製品が提供され続けた中で，顧客から多くの支持を得た製品のみが生き残る

- そのため市場内の淘汰が進み，シェアも上位数社が占める
- 利益は安定的に得られるか，または価格競争の激化によって減少する
- 製品ごとの成熟期の長短がそのライフサイクル全体の長さを決める主要因となる
- そのため市場内で生き残った企業は，自社製品の延命を図るため，ブランドの確立や品質の向上に注力する
- いずれ衰退期に移行するため，既存製品が利益を上げているうちに，次の製品の開発を進める

　成長期における急速な市場成長が減速に転じるところで成熟期が訪れる。移行期の判断のポイントとして，成長カーブの変曲点がある。したがって，成熟期においても緩やかな成長は見られる。しかし，それはやがてピークを迎える。正確には，売上，利益ともに成熟期においてピークを迎えるが，一般的に利益のほうが先にピークアウトする。その理由が，コモディティ化と価格競争である。

　成熟期を迎えた段階で，市場内のプレイヤーはシェア上位数社～10社程度に絞られていることが多い。これは導入期，成長期と激しい競争を乗り越えていく中で，機能，価格，利便性など，顧客から選ばれる製品やサービスが限定されてくるためで，最終的に選ばれたのが上位数社ということになるためである。特に最も成功したマーケット・リーダーの模倣は，2番手，3番手にとってもリスクの低い戦略オプションということができ，裏を返せば，このことがコモディティ化を招く第一歩ともいえる。そして価格競争が顕在化していく。

　それでもなお，低いながらも安定した利益が得られることが多いため，企業は成熟期の延命のために，既存顧客に対し様々な提案を行う。その典型例が品質の向上であり，その他にも，新機能の追加，製品やサービスのラインナップの拡大，事後的なサービスの拡充などがある。

　ただし，極めて皮肉なことに，このプロセスは「破壊的イノベーション」を誘引するリスクを高める。先に解説したジレンマの誘発である。

4.5.4　衰退期の特徴

- 製品の売上が減少してゆき，利益もそれに伴って減少する期間

・製品に愛着を持つコアなファンが存在する場合，衰退期に入ってもすぐには消滅せず，長い製品生命をたどることになる

プロダクト・ライフサイクルの最後が衰退期である。ここでのポイントは，「衰退期」という名前から受ける印象とは裏腹に，すぐには消滅しない場合がある，ということである。一度，破壊された製品やサービスでも，その後数十年にわたって生き残るものも少なくない。例えば万年筆や音楽レコード盤のように，市場は小さくなりつつも，破壊した側（ボールペンやCD）にはない魅力的な価値を提供し続けることで，コアなファンが定着している例もある。

無論，これらのように一定の地位を確保することなく，ほぼ完全に消滅した例も多い。例えばフロッピーディスクやダイヤル回線を使ったインターネット接続サービスなどは，その典型例だ。これらは，後に生まれた新しい技術がそれらの性能や機能を完全に上回ったために消滅した例であり，自然な現象といえる。

4.6　コモディティ化とその対策の新たな展開

コモディティ化とは，所定の製品やサービスのカテゴリーにおいて，顧客にとって品質や機能等の差別化特性がなくなったときに発生する。市場に流通している商品が提供者ごとの個性を失い，消費者にとってはどの品を購入しても大差ない状態のことを指すようになった。特に参入障壁が低く，安定した売上が期待できる市場において，コモディティ化は起こりやすい。

こうなると，製品やサービスにおける本質的部分での差別化がますます困難となり，価格面で競争することになる。これがコモディティ化が起こったときの一般的な帰結である。つまりコモディティ化は，体力のない企業の市場からの撤退を余儀なくする。近年はITの進歩により製品情報や模倣技術が瞬時に世界中に広まるため，グローバル化が進んだ経済社会において，コモディティ化の問題はより顕在化してきたといえる。

イノベーションからの収益は，最も早くそのイノベーションを実現した企業にもたらされるべきである。そうでなければ，誰も大きなリスクを冒してまで

イノベーションを創出しようとせず，またもしイノベーション活動が停滞してしまうと，経済全体の発展が阻害されてしまう。知的財産権が最も先に発明や創作をし，それを届け出た人に，模倣品を排除するなどの強い権利を与えているのはこのためである。

したがってコモディティ化は，このイノベーションによる経済発展モデルの大きな壁として立ちはだかっているといえる。なぜなら，せっかく努力してイノベーションを創出しても，すぐにコモディティ化し，十分な収益が得られる前にその地位が失われてしまうためである。しかもコモディティ化する時間は，どんどん短くなっているという調査結果が報告されており，コモディティ化はイノベーターを疲弊させる現象となっている。

ただし，事業者もこのような現象に黙って身を任せるわけではない。周りの製品がコモディティ化していく中で，そこから一線を画した経営を行っている企業も多数存在する。その方法論の１つが模倣困難性や専有可能性を高めるということであり，第Ⅲ部で詳しく扱う。

4.7　オープン・イノベーションとクローズド・イノベーション

オープン・イノベーションという概念は，ヘンリー・チェスブロウが2003年に同名の書籍を発行して以来，多くの経営者に知られる戦略となった。企業は市場で求められる製品等を生み出していく過程で，様々な問題に直面する。これを解決することがイノベーション・プロセスの中核である。そしてイノベーション・プロセスでは，社会に広く分布している知識を活用し，新たな知識を生み出していくことが必要である。有効な知識は，サプライヤー，ユーザー，大学，競合他社，異業種の企業など，あらゆる外部組織からもたらされる可能性がある。企業はこれらの知識の獲得，蓄積，利用を効果的に行う取り組みが求められる。

このような流れから，オープン・イノベーションが高い注目を集めるようになった。オープン・イノベーションとは，「知識の流入と流出を自社の目的にかなうように利用して社内イノベーションを加速するとともに，イノベーションの社外活用を促進する市場を拡大すること」と定義される（チェスブロウ，

2004)。

　オープン化といってもすべてを公開するわけではない。その要諦は，今まで目を向けていなかった外の世界に大きな機会が潜んでいる，ということであり，引き続き競争力を保つ源泉となる秘匿情報（技術，ノウハウ，ビジネスモデルなど）は存在する。企業は，外部組織の知識を得たり，あるいは外部組織と連携するために，ある程度の自社の知識をオープンにしなければならない。その一方で，秘匿すべき技術や知識については，競合他社にコピーされるのを阻止する必要がある。ここに「オープン化のパラドクス」が存在する。そうすると次には，どこをオープンにし，どこをクローズドにするのか，という課題が浮上する。

　いまや，製品であれサービスであれ，たった1つの技術で利益を上げ続けることはほぼ不可能となっている。つまり，多くの事業が複数の技術を複合した合わせ技で成立している。そんなとき，どれを権利化して公開し，どれを秘匿にして守り抜くのか。あるいは，どこを無料（または低価格）にして顧客を誘導し，どこを有料にして収益確保を狙うのか。このような意思決定を行うことがまさにビジネスモデルの中枢であり，そのような意思決定1つで，自社の競争力と収益は大きく異なるものになる。

　さらに，オープン化を考えるうえでキーとなる概念の1つにモジュール化がある。一般にモジュール化とは，製品における構成要素を機能的に自律可能なレベルまで分解し，各モジュール間の相互依存性を可能な限り小さくすることを意味する。それぞれのモジュール内では，各自の判断で様々な工夫を行うことも可能だ。また，モジュールを丸ごと交換することもできる。

　このように，モジュール化は技術や規格を固定化させるという制約が発生する代わりに，事後的な調整コストを低下させると同時に，各モジュールに強い自由度が与えられる。これは新規参入を促すという意味において非常に重要な要素となる。新規参入の増加は，固定された企業グループでは生じなかった技術やアイディアが提供される可能性を増大させる。

　このようなモジュール化の特性を踏まえたとき，モジュール化とオープン化には密接な関係があることが想像できる。モジュール化は，モジュールに細分化された構成要素のアウトソースを一気に進めるからである。したがって，文

第Ⅱ部　イノベーション・マーケティング

書化した仕様に従って作られた製品であればどの企業でも参入可能であり，結果的により低価格で提供できる企業が勝ち残る。先に述べたコモディティ化のトリガーがここにある。なお，一般に（モジュール化の対極にある）すり合わせ型の設計を得意としてきた日本企業は，モジュール化を前提としたオープンな技術移転プロセスを効果的に活用できない可能性が指摘されている。

■参考文献

（日本語文献）

小川紘一（2015）．『オープン＆クローズ戦略：日本企業再興の条件 増補改訂版』翔泳社．
西村淳一・岡田羊祐（2013）．「日本企業による特許・ノウハウライセンスの決定要因」『日本経済研究』69, 55-95.
真鍋誠司・安本雅典（2010）．「オープン・イノベーションの諸相：文献サーベイ」『研究 技術 計画』25（1），8-35.

（翻訳文献）

ヘンリー・チェスブロウ（著）＝栗原潔（訳）（2007）．『オープン・ビジネスモデル：知財競争時代のイノベーション』翔泳社．
ヘンリー・チェスブロウ（著）＝PRTM（監訳）＝長尾高弘（訳）（2008）．『オープン・イノベーション：組織を超えたネットワークが成長を加速する』英治出版．
ヘンリー・チェスブロウ（著）＝大前恵一朗（訳）（2004）．『OPEN INNOVATION：ハーバード流イノベーション戦略のすべて』産能大出版部．
ピーター・F・ドラッカー（著）＝上田惇生（訳）（2001）．『マネジメント（エッセンシャル版）基本と原則』ダイヤモンド社．

（英語文献）

Christensen, C. (1997). *The innovator's dilemma: When new technologies cause great firms to fail.* Boston, MA, U.S.A.: Harvard Business Review Press（伊豆原弓（訳）＝玉田俊平太（監修）『イノベーションのジレンマ：技術革新が巨大企業を滅ぼすとき』翔泳社，2001年）．
Christensen, C. (2016). *The Clayton M. Christensen Reader.* Boston, MA, U.S.A.: Harvard Business Review Press.
Cohen, W. M. (2010). Fifty years of empirical studies of innovative activity and performance. In B. H. Hall, & N. Rosenberg (Eds.), *Handbook of the Economics of Innovation, Vol. 1* (pp.129-213).
Cohen, W. M., Nelson, R., & Walsh, J. P. (2000). Protecting their intellectual assets: Appro-

priability conditions and why U.S. manufacturing firms patent (or not). *NBER Working Paper No. 7552.*
Dahlandera, L., & Gann, D. M. (2010). How open is innovation? *Research Policy*, 39(6), 699-709.
Laursen, K., & Salter, A. (2006). Open for innovation: the role of openness in explaining innovation performance among U.K. manufacturing firms. *Strategic Management Journal*, 27(2), 131-150.
Laursen, K., & Salter, A. (2014). The paradox of openness: Appropriability, external search and collaboration. *Research Policy*, 43 (5), 867-878.
Smith, P. (2001). How do foreign patent rights affect U.S. exports, affiliates sales, and licenses? *Journal of International Economics*, 55, 411-439.
von Hippel, E. (2005). *Democratizing innovation*. Cambridge, MA, U.S.A.: MIT Press.

第Ⅱ部　イノベーション・マーケティング

第5章

付加価値の創出プロセス

本章で学ぶ内容

- マーケティングにおける付加価値とは何なのか？
  付加価値には極めて多様な着眼点が存在する。これらはマーケティングの中でどのように扱われているのだろうか。
- 付加価値を高めるにはどのようなアプローチがあるのか？
  付加価値を生み出す対象や時期によって異なるアプローチがある。それらはどのように整理されるのか。
- 付加価値の多様化とはいったい何なのか？
  現在は「価値の多様化の時代」というが，具体的に何が起こっているのだろうか。

　本章では，改めて製品やサービスの付加価値とは何かを整理しよう。

　「付加価値を高める取り組み」とか「顧客に対する新たな付加価値の提案」といった具合に，いまや付加価値という用語は，あらゆるビジネスシーンで使われている。筆者の知る限り，経済学用語がこのように一般化して（バズワード的に）使われるときは，たいてい使用者によって定義が微妙に異なっている。そしてそのような微妙な違いは，曖昧なコミュニケーションの中で曖昧なまま拡散されていく。したがって，まずは改めて付加価値とは何かを確認しておくことはとても重要である。

第5章　付加価値の創出プロセス

5.1　経済学における付加価値とマーケティングにおける付加価値の違い

　もともと経済学における価値とは財の価格のことを指す。基本的に企業等の生産活動によって生み出された製品やサービスの価格は，それらの生産に使用された原材料などの価格の総和より高くなければならない。そうでないと企業は赤字になる。そしてこの差を，生産活動によって生み出され，付加された価値とみなす。これが経済学における付加価値の基本的な概念である。

　付加価値を計算する方法は大別して控除法と加算法がある。控除法は外部から受け入れた購入額を企業の売上高（あるいは生産高）から控除する方法である。購入額には，先に述べた原材料のほかに，エネルギーなどの動力費，外注費，設備等に係る保険料まで，いわゆるコストと呼ばれる多くの細かい費目が含まれる。ただし，日常的な会話でコストというと人件費や家賃なども含まれることが多いが，ここではこれらは外部購入費には含まれず，付加価値の1つとして扱われる。もう1つの加算法は，企業内部で生み出された構成要素を合算することによって付加価値を求める方法である。

　本書は会計学のテキストではないので，これ以上の財務諸表についての解説は割愛するが，付加価値に関してもう1つだけ，「付加価値率」を示しておき

図表5-1　付加価値の計算方法

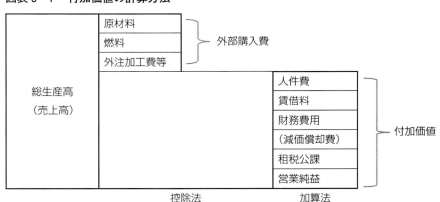

83

たい。付加価値率とは，「付加価値／売上高×100」によって導き出せる指標である。ご覧の通り，売上高のうちの付加価値の割合を示すもので，この数値が低ければ，売上に占めるコスト（外部購入費）の割合が高いことになる。逆にこの数値が高ければ一般に「高付加価値企業」といえるだろう。

図表5－2に，国内の製造業，非製造業の付加価値率の推移を示す。一見してわかる通り，かつては製造業の付加価値率が高かったが，これが徐々に落ち込む一方，非製造業の付加価値率が緩やかに上昇し，2008年のリーマンショックによる全産業の大きな落ち込み以後は，両者の付加価値率はほぼ拮抗し，20％前後で推移している。

一方で，マーケティング論における付加価値の定義はもっと緩く，広い概念を含んでいる。これは経済学がより厳密性を重視する傾向にあることもあるが，むしろ付加価値に対する見方が異なることによるところが大きい。

一般にマーケティングにおける付加価値とは，製品やサービスに付け加えられた独自の価値という意味で使われることが多い。したがって，むしろ「差別化要素」という概念に近い。なぜこのような違いが生じるかというと，マーケティングはその名の通り市場および顧客を議論の出発点としているからである。そこを起点として，企業等はどのような行動をもって市場や顧客にアプローチしていくか，という思考回路を持っているため，おのずと付加価値の定義も市

図表5－2　付加価値率の推移

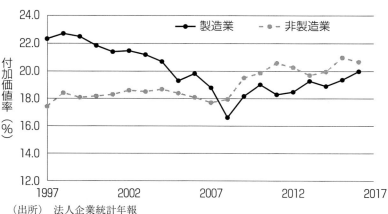

（出所）　法人企業統計年報

図表5-3　マーケティングにおける付加価値

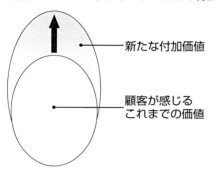

場や顧客視点になる。その視点においては，どんな財務費目が含まれているかは関係ない。したがって，顧客が「新しい価値と感じれば」それは付加価値となる。

本章はマーケティングを論じる章であるから，後者のより広い概念の付加価値を整理することとする。

ただし，ここで1つ確認しておかなければならないことがある。それは，付加価値を提供する企業が実際にその付加価値から収益を上げるかどうかは別問題であるということである。マーケティングにおける付加価値論の最大の問題は，このことを度外視した高付加価値化を論じてしまっていることである。そこで本書では，「付加価値を高める」ことと「高めた付加価値を収益に変える」ことを分けて議論を展開する。これらが組み合わさって初めてビジネスモデルというものが成立する。

5.2　付加価値を高める

それでは改めて付加価値を整理していこう。ポイントは付加価値を高める要素は極めて多様であるということである。一見シンプルな製品でさえ，その価値の多様さに驚くことになるだろう。そこでここではモノの付加価値を3つに分類し議論を進める。

5.2.1　モノとしての価値

　言い尽くされた物言いで恐縮だが，大規模な機械化による大量生産が行われるようになって以来，私たちの身の回りには安価で良質なモノが多く出回るようになった。この安価であることと良質であることは，モノの価値として非常に重要である。基本的に消費者はこの2軸でモノの価値基準をはかる。今風に言えば「コスパが良い」となろうか。必然的に事業者もこの2軸で差別化競争を行っている。

　モノの価値と聞けば，まず真っ先に思い浮かべるのは質的な価値だろう。顧客にとって質が優れていると判断されれば，その分事業者は価格を上げることができる。実際，品質の向上による価格アップとそれによる収益向上は，多くの事業者が求めるところである。このことは，裏を返せばなかなか容易ではないということを示している。その代表例が食品である。かつては値引きとは無縁だったコンビニも，今では普通にPOPで値引きを強調する。

　さて，そんな食品業界にあって，見事に高付加価値化の訴求に成功しているジャンルがある。その代表例が一部のアイスクリームやチョコレートである。これらは食品の中でも嗜好性の強い商品である。そのため，高付加価値化とそれに伴う高価格づけが可能となる余地がある。その一方，必需品でないということは，景気やブームに左右されやすく，いったん飽きられるとジリ貧になるリスクが伴う。ここではチョコレートを一事例として見てみよう。

　なお，この他にモノの質的価値としては，見た目の美しさや保存，加工のしやすさなども含まれる。また，モノの均質性もその価値として極めて重要である。均質であることとは，いつ，どこで買っても同じ機能，同じ性質，同じ構造，同じ分量のモノが手に入ることを指す。このことを消費者は普段あまり意識していない。しかし，仮にこれが実現していないと，消費者は大きな混乱をきたし，結果としてその製品を提供した企業は窮地に陥るだろう。

第5章 付加価値の創出プロセス

ケース　チョコレート菓子における高付加価値化

　日本国内のチョコレート市場は年間小売金額約5,500億円で、菓子の中では最大規模であり、経年変化を見ても勝ち組であることがわかる（図表5-4）。この傾向の要因として、近年の「こだわり」「大人の」といったプレミアムタイプが好調で高い成長を遂げていること、また健康ニーズ対応のハイカカオタイプが躍進していることが挙げられる。

　ハイカカオタイプとは、原料のカカオマスが70％以上の割合で使われているチョコレートのことを指す。ハイカカオタイプの最大の特徴は、ポリフェノール含量にある。抗酸化作用を持ちアンチエイジングに効果があるとされるポリフェノールは、赤ワインの老化防止効果などで注目を集め、のちにカカオにも豊富に含まれることが明らかになってからは、糖分の塊といった印象が強かったチョコレートのイメージをひっくり返した。

　このプレミアムタイプおよびハイカカオタイプ関連商品は200円〜300円台の高価格帯が多く、チョコレート全体の市場拡大に貢献している。もともとの消費者は10代〜20代の若い世代が多かったが、これが徐々に幅広い年代に浸透している。

図表5-4　国内におけるチョコレートの生産量および販売金額の推移

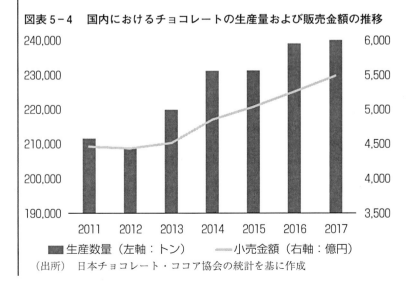

（出所）日本チョコレート・ココア協会の統計を基に作成

第Ⅱ部　イノベーション・マーケティング

　日本の主なチョコレートメーカーは明治製菓，ロッテ，森永製菓，江崎グリコが上位を形成しており，特に独走しているメーカーはない。図表5-5は，この4社の主力商品の価格と売上を可視化したものである。

図表5-5　日本のチョコレートの人気商品の価格と売上（2017年7月1日～2017年9月30日）

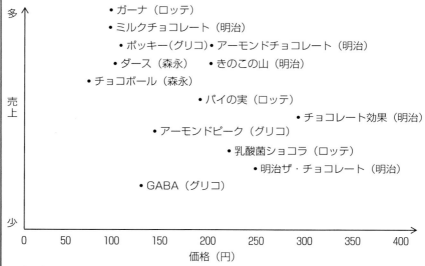

　まず目につくのは，4社とも売上の大半を占めているのはロングセラーのチョコレートであるということである。「ガーナ」や「ミルクチョコレート」といった板チョコから，「ポッキー」や「きのこの山」など，皆が知っているチョコレートが図表の左上に位置し，売上最上位を占める。これらは100円から150円程度と手軽に買うことができる。

　実はこのロングセラー商品が上位独占する傾向は，近年の食品市場全体に共通している。食品業界は他業界に比しても新製品投入の頻度が高いことで知られるが，その実態は，これらの新製品が長年にわたりブランドを築いたロングセラー商品の牙城を崩すことはほとんどない。

　そのような中，主に図表右下に位置する高価格帯のチョコレートが健闘している。これらが先に述べたプレミアムタイプとハイカカオタイプである。

中でも「明治ザ・チョコレート」はプレミアムタイプの代表例だ。内容量は50gで，価格は約250円と高い。チョコレート本来の味にこだわると同時に，パッケージやチョコレート本体のデザインにも細心の注意を払っており，意匠権の登録なども市場投入とほぼ同時期に行われている。2018年には8種類のラインナップを投入しており，ラインナップ拡張によるブランディングにも余念がない。このように，理論的見地からも理にかなったエリート製品といえる。

一方，ハイカカオタイプにおける筆頭格は同じ明治の「チョコレート効果」が挙げられる。ベースとなるラインナップは，カカオ含有量によって異なる3タイプ：72％，86％，95％で，それぞれ1箱当たりで摂れるポリフェノール量もパッケージに明記されていて，72％の商品では1,905mgとなっている。ハイカカオタイプは糖質が少なく，高血圧の改善効果や腸内環境を改善することによる美肌効果が期待できると，テレビや雑誌で数多く取り上げられた。

これに対抗・差別化する商品として，ロッテの「乳酸菌ショコラ」やグリコ「GABA」が機能性チョコレートというジャンルを牽引していく可能性がある。

5.2.2 情報としての価値

製品開発を考えたとき，上記のようにモノとしての価値を提案していくことは自然なことである。ただし，あらゆる製品が一瞬でコモディティ化するような昨今の経済状況では，モノとしての価値だけでは勝負にならなくなっているのも周知の通りである。そこで情報的要素を付与したり，それを前面に押し出して強調するような戦略が目立つようになった。

ただし，情報的要素といっても非常に幅広い。そこでここでは，その主な例を次の3項目に分けて議論してみよう。

(1) **原材料（成分，組成など）**

おそらく読者の皆さんの多くは，原材料は本来，モノとしての価値に含まれ

るのではないかと考えるだろう。実際に原材料や成分は物質であり，計量可能なモノだ。しかし，それはマーケティングの視点からは正しくない。製品の原材料や成分は，マーケティング上は情報的価値として扱われていることがとても多い。その理由を，再び多くの人にとって身近な食品業界から示そう。

わかりやすい例の1つとして，健康機能性に関する成分がある。2015年4月に機能性表示食品制度が開始された。国の定めるルールに基づき，事業者が食品の安全性と機能性に関する科学的根拠などの必要な事項を販売前に消費者庁長官に届け出れば，機能性を表示することができるようになった。直近で好調な例としては，2018年3月にリニューアル発売されたアサヒ飲料の「カラダカルピス」等がある。

この制度以前にも，国全体としては「特定保健用食品」（トクホ），地方の取り組みとしては「ヘルシーDo」（北海道）などが科学的根拠を基にした機能性表示を認可してきたが，本制度はさらに事業者の敷居を下げ，自主的な活用を促す狙いがある。

これら機能性の代表例が先の乳酸菌のほかに，ポリフェノール，イソフラボン，カテキンなどである。ポリフェノールもイソフラボンも，食べたからといってすぐにその効果を実感できるわけではない。また，機能性表示食品制度は第三者が安全性と機能性の審査を行わないため，事業者は自らの責任において科学的根拠を基に適正な表示を行う必要がある。つまり，消費者はモノを購入しているというより，そこに付与されている情報に価値を認め，信用して購入しているのだ。この場合の情報とは，科学的成果の根拠であったり，それを行ったとする企業への信頼などである。これらは明らかにモノの情報的側面を強調した価値付与と差別化といえるだろう。

このように，情報的側面からその価値が見直され，市場拡大につながった商品がある。それが次の納豆のケースである。

第 5 章　付加価値の創出プロセス

ケース　納豆市場の拡大

　全国納豆協同組合連合会が毎年夏に発表している「納豆業界の市場規模」によると，2011年にかけて微減が続いていた国内納豆市場が，そこからV字回復を見せている。特に大きな増加を示している2013年および2016年にはそれぞれ前年比 8 〜 9 ％拡大した。2016年の市場規模は2,184億円と過去最高水準となり，近年では底となった2011年からの 5 年間で26.2％もの拡大を見せている。

　一世帯当たりの消費量も増加傾向にある（図表 5 − 6 ）。納豆はもともと「東高西低」で知られる食品である。納豆の産地としても知られる茨城県をはじめ，東北や関東地方で一人当たりの消費量は多い。一方，大阪や兵庫，和歌山などの関西地方では少なめだ。最も消費が多い水戸市（年間5,563円：2016年）と最も少ない和歌山市（年間1,766円：2016年）では，おおよそ 3 倍の開きがある。

図表 5 − 6　一世帯当たりの納豆購入金額の推移

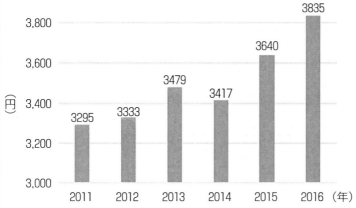

（出所）　総務省統計局「家計調査年報2011 − 16年」

　納豆市場拡大の背景には，先の例でも取り上げた健康志向の高まりがある。具体的には，2011年以降に広まった「発酵食品ブーム」と，さらにそれを支えた食品科学や栄養科学の大きな進展がある。

　そもそも納豆の製造方法は昔からあまり変わっていない。簡単に示すと，

図表5－7の通りで，まず原材料である大豆を煮込み煮豆を作る。その煮豆に納豆菌を加え発酵を促すことで納豆となる。このように工程はシンプルなものである。

図表5－7　納豆の製造工程

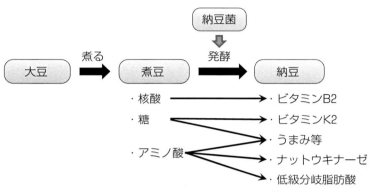

（出所）ミツカンWebサイト

　逆に近年，大きな進展を見せたのが成分解析である。納豆菌などの微細な菌類についても研究が進み，それぞれの成分の人体影響についても分析が進められるようになった。これが科学的根拠として公表されることで，発酵食品ブームを支えている。

　繰り返しになるが，納豆の製造方法には昔から大きな変化はない。したがって納豆の成分についても昔から大差ない。ということは人体影響や健康効果についてもやはり大差ない。パッケージングについても皆さんが昔からよくご存じの3連パックが主流だ。にもかかわらず，食品科学や栄養科学の進展による科学的根拠の付与と，そのプロモーション戦略における効果的な活用が，市場のトレンドを大きく変えるほどのインパクトをもたらした。これが情報という付加価値の力である。モノ自体は変わっていないのに，科学的根拠という情報がこのインパクトの震源となっている。

　なお，納豆におけるこのトレンドの変化は，日本の農業生産にも影響を与えている。納豆生産における国産大豆の使用量は，2010年から2016年にかけて2倍に増加し，国産比率は約18％にまで高まった。このような流れを受け

て，「おかめ納豆」ブランドを持つ納豆業界最大手のタカノフーズは2018年4月に27年ぶりに値上げを発表した。価格弾力性の高い食品においては，異例の強気な行動といえる。

(2) 安全・安心

　情報的価値の2つ目に安全・安心を挙げる。安全であることと安心であることは同じベクトル上にあるように認識している人が多いが，これは誤りである。実際は全く異なるベクトルを持つ要因として機能することも多い。というより，場合によっては真逆の指向性を持つ。

　統一感を持たせるべく，引き続き食品の分野から例を出そう。食の安全・安心といえば毒物や異物混入などの事件が脳裏をよぎる人も多いだろう。被害にあわれた方々にとっては本当に辛い出来事だったと思うが，それはほんの一握りで，その他の圧倒的大多数の人にとっては，問題が発覚して初めてそういった事件を知り，不安感を覚える。もっと簡単に言えば，ごく少数の"安全"が害され，その結果として大多数の"安心"が損なわれる。つまり，安全はごく少数に，安心は大多数に，そしてそれを媒介するのが情報となる。

　純粋な安全性という意味では，問題発覚後のほうが，同業他社が自らを戒める等の効果により高まっている可能性が高いにもかかわらず，人々の安心感は逆に低下する。ただし，その間の媒介となる情報を遮断すれば，どんなに少数の安全性が損なわれても，多数の安心感は低下しない。

　しかしながら，実際には情報を遮断することはないし，多くの人はすべきとも思わない。理由は3つある。現代の消費者間において事実上情報を完全に遮断することは不可能であること，提供者にとって情報を遮断していたことが発覚した後のダメージが計り知れないこと，そして情報は儲かること，の3つである。当然，ここでのポイントは3つ目である。マーケティングでは，情報は付加価値の1つであり，収益の源になり得る。

　具体的にどういうことか。収益源になるということは，消費者は安全であることにはもちろんのこと，安心感にも対価を払うからである。消費者が割高な国産品を購入するのは，単に品質が良いからだけではない。そもそも消費者は

品質が良いと信じているだけで，実際に品質検査などする人は滅多にいない。信じられるということ自体に価値があるから，対価を払う。この意味で，事業者が食品のトレーサビリティに投資するという行為には合理性がある。この食品の原材料はどこで，いつ，誰によって生産されたものなのかという情報は，消費者にとって大きな価値となり得る。〇〇産と銘打った食品や〇〇物産展といった企画が人気を博していることも，情報の付加価値づけの例である。

(3) ストーリー・歴史・文化

　情報的価値づけの3つ目はストーリーである。ストーリー的要素を事業戦略の中に取り込むことはここ十数年で広く浸透してきた。本章では，ここに歴史，伝統，文化などの要素を加えておきたい。2つ目の安全・安心（特にトレーサビリティや産地表示）と似た概念ではあるが，こちらはむしろ企業や製品が持つストーリー性に着目する。江戸時代から続いている商売であれば創業〇〇年という情報をウリにしない手はないし，皇族に献上した経験を持つ製品も同様であろう。

　また，このような権威化はできなくても，「両親への感謝の想いを形にした製品」といった事実があれば，ストーリーを乗せた企画化がしやすい。さらに近年では，一般に「ペルソナ・マーケティング」と呼ばれる，ターゲットをたった1人に絞った商品開発をすることで，消費者の生活にどんな価値をもたらすことができるのかを，より具体的でリアリティのある形でプロモーションする例も増えている。

　多くの事業者は，なるべくターゲット層を広く取ろうとする。少しでも多くの顧客にリーチしたいからだ。しかし多くの場合，これは誤りである。それは自ら商品をコモディティ化させるようなものだ。そこをあえて1人のターゲットに絞ることで，消費者の中に差別化を生むことができる。

　また，楽しさや遊び心をモノに乗せて提供することも頻繁に行われるようになった。バレンタインデーにチョコを贈るという日本独特の習慣は，戦後，製菓企業のキャンペーンから始まったということはよく知られる話であり，わかりやすいストーリー付与の例だろう。

5.2.3　体験としての価値

　第三の価値は体験としての価値である。近年のマーケティングでは，ストーリーと並んで定石となっているのがこの「体験型マーケティング」と呼ばれる手法である。最近では，もっと簡単に「コト消費」と呼ばれることもある。

　商品の特長を知識として伝達する一方向アピール型のプロモーションでは，なかなか売上を伸ばせない時代となっている。その意味で，モノとしての価値も情報としての価値も，要するにアピール型（プッシュ型）の価値づけといえる。

　そこで注目されるのが「体験を売る」というアプローチである。商品を消費する方法は顧客によって様々である。そこで事前にその一部を体験してもらい，購入につなげてもらうという狙いである。

　再び食品の例で考えてみると，そば打ち体験やグリーン・ツーリズムなどが該当する。グリーン・ツーリズムは「滞在型の余暇活動」なので，要するに旅行に行く感覚だ。ただし，旅先で温泉につかることはなく（つかるかもしれないが），農作業をする。現地で道具を借りつつ生産者に指導してもらいながら，種まきや収穫，雑草取りなどの作業を行う（手伝う）。そして願わくば収穫した食材をそのまま夕食として自分たちで調理して頂く。寝泊まりもそのまま生産者の自宅で。こういった体験ツアーが都市部の夫婦や家族の間で人気を博している。

　要するに働きに行くのだ。興味のない人にとっては，余暇にお金を払って肉体労働をしに行くなんて意味不明だろう。しかしこれが人生を豊かにするプライスレスな体験にもなり得る。

　また，特別なシチュエーションとともに提供される食品も体験的価値を帯びているものが多い。例えば，ウエディングケーキは結婚披露宴のときのみ供される食品であり，挙式という体験とともに消費されて初めて価値を持つものである。それ以外のシーンではただの（ごく普通の）巨大ケーキだ。

　このように，付加価値の多様化は，そのまま競争領域の多様化へとつながる。

5.3　多様化する価値：マス・プロダクションからパーソナライゼーションへ

　すでに何度も述べている通り，現在は価値の多様化時代である。市場や消費に関して巷で語られるようなフレーズ，例えば「若者の〇〇離れ」とか「ヒット商品の陳腐化」といった話は，基本的に価値の多様化に起因していると推測される。

　ここで「起因している」と断言できないのは，科学的（経済学的）に価値の多様化を実証することが非常に難しいからだ。とはいえ，統計的に証明できないからといって，価値の多様化は気のせいだとか無視していいということにはならない。事業者は，（おそらく進行しているだろう）価値の多様化を前提としてマーケティング戦略を展開していかなければならない。

　ものづくりの工程は，その誕生からいくつかのパラダイムを経て今日に至っている。最初のパラダイムは「手工業」であった。その後，富の蓄積が進み，受注量が増大すると，蓄積した資金で設備投資し，これを他人に貸し出して仕事をしてもらい，生産物を買い取るという「問屋制家内工業」へ変化した。さらに設備と作業者を一箇所に集めた工場で生産する「工場制手工業」へ変化した。

　さらに，工業化が進み，産業革命と言われる時代へ突入する。手工業時代では，蒸気機関の発明以前ということもあり，製造，販売とも地理的にローカルに限られていた。そこへ工業化の進展により，より遠い地域へモノを届けられるようになった。そしてそれと同時に，製造工程が急速に進化しマス・プロダクションが実現した。これが従来より安価でかつ大量に生産することを可能とした（図表5－8）。

　そして時は多くの人が同じものを欲する時代から，人の好みが徐々に分かれる時代へと変化する。多様性時代の幕開けである。製造業の競争も，大量調達・大量製造・大量発送による均質な機能・性能と低コスト化から，「多品種少量生産」の実現へと変化した。これがマス・カスタマイゼーションである。マス・カスタマイゼーションとは，コンピュータを利用した柔軟な製造システ

ムで特注品を製造することを指す。低コストの大量生産プロセスとそれらの柔軟な再構成を組み合わせたシステムである。

さらにカスタマイゼーションそのものの方法はどんどんと進化し，顧客を巻き込むための接点や方法自体も多様化を見せる時代となっている。その究極の形がパーソナライゼーションである。マス・カスタマイゼーション以上に顧客との距離を縮め，より顧客の意向を反映させたオーダーメイド型のものづくりである。このような方法は歴史的に見れば古く家内制手工業の時代から存在しているが，近年の新たなアプローチとして，顧客が製品のデザイン段階から参加するということが特徴的だ。つまり，共同制作者あるいは共同設計者として顧客が関わる。

よりニーズを多様化させた顧客は，自らすすんで製品のデザインのプロセスに参加し，品質にも影響を与えるようになる。しかもその工程に対しての対価も払う。ネットワークのユビキタスな環境の進展や，製造現場におけるフレキシブルな工程管理手法の発展がこのことを可能としている。したがって，メーカー側はこのような顧客のニーズを満たすため，よりオープンな製造工程の

図表 5-8　価値を実現する製造工程の歴史的変化

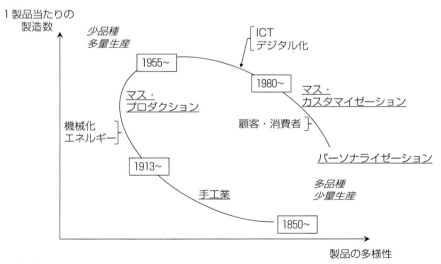

（出所）　Hu（2013）

第Ⅱ部　イノベーション・マーケティング

図表 5-9　製造工程の違いによる主な指標

	手工業	マス・プロダクション	マス・カスタマイゼーション	パーソナライゼーション
価格	高い	低い	中間	中間
メインプレイヤーの企業規模	小規模	大規模	中・大規模	中・大規模
付加価値	機能性	機能性 ブランド	機能性 多様性 ストーリー	機能性 多様性 ストーリー オリジナリティ
顧客の役割	購入 所有	購入 消費	選択・購入 組み合わせ	デザイン 購入体験
キーとなる製造方法	手づくり 職人的技能	効率化 低コスト	再構成の自由度 相互作用性	再構成の自由度 オープン・プラットフォーム

アーキテクチャーを構築する必要がある。この業界の専門的な用語を並べると，オンデマンド・製造システム，製造シミュレーション，サイバーフィジカルシステムなどがある。

> **ケース**　日本酒産業の多様化への対応と成果[1]

(1) 職人技vsデジタル化：多様化を背景として

　ここでは具体的なケースを使って，ニーズの多様化とそれに対応したマーケティングのあり方を考えていこう。

　ニーズが多様化している背景には，IT，特にインターネットやSNSの普及とそれに伴うコミュニケーションの進化があるが，事業者側もITやデジタル化を駆使してそれに対応している姿が浮かび上がる。

　本ケースでは，その中でも日本酒産業に着目し，同産業における多様化を背景とした新しい潮流を捉える。酒造りの現場では，古くから杜氏と呼ばれる職人の最高責任者が製造工程のすべてを管理するとともに，品質を大きく

左右する各工程の長さやタイミングを決定している。したがって，今でも現存する多くの酒蔵の品質（味，香り，舌触りなど）は，この杜氏の力によって決まるといっても過言ではない。

しかしそのような状況の中，この伝統的な製法とは異なる方法で酒造りを始める酒蔵が出始めた。彼らは，製造工程のデジタル化，人に化体したスキルの形式知化，顧客接点の強化などを通して，スマートな製造工程の構築と多様化する顧客ニーズへの対応を，可能な限り製品価格に転嫁することなく実現している。

ここではその数少ない先進的な企業の中から，愛知県にある関谷醸造株式会社（以降，関谷醸造）をケースとして解説する。

(2) 日本酒産業の現状

日本酒（清酒）の定義は酒税法第3条によって定められており，その1つに「米，米こうじ及び水を原料として発酵させて，こしたもの」という記載がある。現在では，1990年に導入された普通酒と特定名称酒の区分が用いられている。また，特定名称酒の中でも原料米の製造加工方法の違いによって吟醸酒や純米酒など8区分に分類される（図表5-10）。一般には，普通酒より特定名称酒のほうが高級である。

図表5-10　清酒区分

アルコール添加割合	精米歩合			
	70%超	70%以下	60%以下	50%以下
0%	普通酒	純米酒	特別純米酒	純米吟醸酒 / 純米大吟醸酒
10%以下	普通酒	本醸造酒	特別本醸造酒	吟醸酒 / 大吟醸酒
10%超	普通酒			

（出所）　日本政策投資銀行「清酒業界の現状と成長戦略」

日本における清酒出荷量は1975年をピークとして，2010年の底を見るまで実に35年の間，緩やかな減少傾向をたどる非常に厳しい産業であった。酒類全体の消費も伸び悩む中，清酒のシェアも緩やかに落ちてきており，2015年

度では6％程度となっている。このような中，2000年代後半に入り，この状況を打破したのが純米吟醸酒といった高価格帯の清酒だった。

この頃の消費者行動を振り返ってみると，大手メーカーが造る日本酒とは異なる吟醸酒や純米酒を造る中小メーカーに注目が集まるようになっていた。全国各地の酒蔵によって生み出される多種多様な清酒が注目され，消費者はそれらの酒の個性や，多様性そのものを楽しむようになったのである。

図表5-11　特定名称酒の出荷量の推移

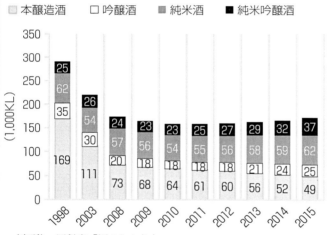

（出所）　国税庁「酒のしおり」

酒蔵は東北，北陸，近畿などの米どころを中心に，全国各地に点在している。また，販売数量規模別にみていくと，年間の製成数量が100kl（キロリットル）以下の企業が全国で60％を超えており，逆に300kl以上を製成する企業は15％程度にとどまっている。実際に市場シェアを見てみると，1位の白鶴酒造が約10％となっており，上位5社のシェアを合算しても37％となる。このことは大手4社でシェアの99％を占めるビール業界と比較すると，いかに対照的で寡占化が進んでいない産業であるかがわかる（図表5-12，5-13）。

第5章　付加価値の創出プロセス

図表5-12　日本酒の国内市場シェア（2016年）

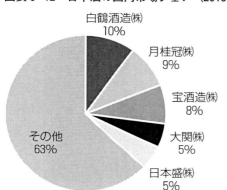

図表5-13　ビールの国内市場シェア（2016年）

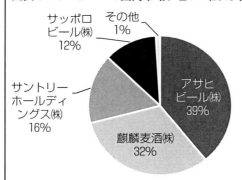

　このように，清酒市場では大企業と中小企業が造る製品や対象とするターゲットの棲み分けができつつある。清酒の出荷量そのものが減少傾向にあった中，中小の酒造メーカーが造る高付加価値の特定名称酒が市場全体の落ち込みに歯止めをかけた。さらに，このような地方の酒蔵は，技術的にも様々なチャレンジを行い，変革を起こしている。

(3)　日本酒産業における製造工程の変革

　関谷醸造は1864年に愛知県東部にて創業した。2017年時点での従業員数は53名，売上高は約15億円となっている。日本における酒造メーカーの中では

中堅クラスといえる。1995年の売上高は約7億円であり，堅調に成長を遂げてきた。

　関谷醸造の最大の特徴を一言でいうならば，日本酒の伝統の技と革新的な技術をミックスした高品質な酒造りを行っているということだ。関谷醸造では，人が担うべき作業工程は人が担い，機械化を行ったほうが品質的にも良いと思われる工程は徹底的に機械化を進めてきた。

　また温度管理などの工程をデジタル化することで，夜の時間帯の作業も可能にしている。麹の温度管理を自動化することで深夜の作業をなくして，労務環境を改善している。事実，これらの技術開発が同社にもたらしたインパクトは非常に大きい。手作業とデジタル化をミックスしたことで，気温，湿度などの気象条件や原料米の品質といった外部条件に左右されない酒造りが可能となった。また機械化に伴い各作業工程の様々なデータが蓄積され，それが定番商品の品質の安定化につながった。

　デジタル化を進めるということは，人が直接手を使って行う作業を機械が代替する，という印象が強いが，実際に重要なのはそこではない。人，特に経験によって裏打ちされた技を持つ職人は研ぎ澄まされたセンサーでもある。工程を機械化するということは，その強力なセンサーが敏感に感知していた情報を機械に落とし込み，次の最適な工程につなげる必要がある。当然ながら，この機械化を伴う酒造りは極めて難易度の高い挑戦となった。

　さらにデジタル化と機械化がもたらした大きなメリットが3期醸造である。冬のみの酒造りは通常，12月から3月の1期醸造である。しかし関谷醸造では，7月・8月の2か月を除いた10か月間で酒造りを3ターンさせている。そして夏の2か月間に機械のメンテナンスなどを行っている。

(4)　マス・カスタマイゼーションの実現

　この間，関谷醸造ではオーダーメイドで造るオリジナルの酒造りを始めた。この取り組みはまだほとんどの酒蔵で導入できていない。そのためのキーパーツが第2工場に当たる稲武工場（吟醸工房）である。本社蔵では，大体1本酒を仕込むと大きい場合12,000リットルの酒が造られる。その一方，吟

醸工房はもともと少量多品種を目的としているため，小さなドラム缶程度のタンクを1単位とし，総米60kg単位で仕込む。出来上がりは720ml×100本という単位で商品設定することで，一般消費者や企業，各種団体，飲食店に至るまで幅広い注文を受けることが可能となった。

　主な想定顧客は，結婚を控えた新郎新婦であったり，還暦祝いを控えた家族や友人グループなどである。これらの顧客は自分たちで作った世界で1つだけの酒を，お世話になった人へのお礼やお祝いとして送ることができる。

　また，このように消費者と直接コミュニケーションを取りながら酒造りをするということは，社内にそれ相応の部隊が必要になる。もともと一般的な酒蔵は問屋や契約販売店に商品を卸すため，消費者とのコミュニケーションは訓練されていない。そのような中，関谷醸造はオーダーメイド・システムに基づいた酒造りを実現するという，高度なコミュニケーション・チャネルを独自で構築した。顧客自身の潜在的なニーズを呼び起こすきっかけをつくり，そして顧客は他社では得られない体験をし，満足度を高める。

●注

1　本ケースは，渋谷・宮ノ下・湯浅・金間（2018）の一部を大幅に改編したものである。

■参考文献

（日本語文献）

金間大介（2016）．『食品産業のイノベーションモデル：高付加価値化と収益化による地方創生』創成社．

渋谷往男・宮ノ下智史・湯浅雄太・金間大介（2018）「市場環境の変化を機会にする伝統産業の成長戦略〜関谷醸造株式会社の挑戦〜」東京農業大学国際バイオビジネス学科（編著）『バイオビジネス16─地域を担うリーディング企業の軌跡』世音社．

楠木健（2010）『ストーリーとしての競争戦略：優れた戦略の条件』東洋経済新報社．

（英語文献）

Christensen, J. L., Rama, R., & Von Tunzelmann, N.（1996）. Study on innovation in the European food products and beverages industry: Industry studies of innovation using C.I.S. data. *European Innovation Monitoring System, EIMS publication No.* 35.

Coletti, P., & Aichner, T. (2011). *Mass customization: An exploration of European characteristics.* Heidelberg, Germany: Springer.

Hu, S. J. (2013). Evolving paradigms of manufacturing: From mass production to mass customization and personalization. *Procedia CIRP,* 7, 3-8.

Kanama, D. (2018). Manufacturing transformation towards mass customization and personalization in the traditional food industry.In A. Petrillo, R.Cioffi, & F. De Felice (Eds.), *Digital transformation in smart manufacturing.* London, U.K.: Intech Open.

Kanama, D., & Kido, T. (2016). The innovation strategy of a non-food-industry company regarding the traditional food supply chain. *Agriculture & Food,* 4, 687-695.

Kaplan, A. M., & Haenlein, M. (2006). Toward a parsimonious definition of traditional and electronic mass customization. *Journal of Product Innovation Management,* 23(2), 168-182.

Pine II, J. (1992). *Mass customization: The new frontier in business competition.* Boston, Mass.: Harvard Business School Press.

Polland, D., Chuo, S., & Lee, B. (2016). Strategies for mass customization. *Journal of Business & Economics Research,* 14(7), 101-110.

第 6 章

事業機会の発見と差別化の追求

> 本章で学ぶ内容
> - 事業機会の発見や選択には，どのような思考が必要か？
>   新規事業の策定に定番はなく，様々なアプローチが存在する。
> - マーケティング・リサーチにおいて注意すべき事項は何か？
>   市場調査の方法やセグメンテーションには，対象にあったアプローチを選択する必要がある。
> - マーケティングにはどのような手順があるのか？
>   マーケティングの各フェーズは密接に絡み合っており，競争力あるイノベーションの実現のためには長い道のりがある。

　本章では，アンゾフのマトリクスを使った事業機会の発見や，マーケティング・リサーチ，ポジショニングなど，より現場の行動に近いマーケティング戦略を学習する。これらはマーケティング論の中では必須知識となっているにもかかわらず，なぜかイノベーション論ではほとんど扱われていない。しかし，むしろイノベーション論や技術経営を学ぶものにとって必要な共通概念・共通言語だと考える。

　登場する概念は基礎的なものにまとめてあるが，その分ケースを厚くし，リアリティある知見を身につけてもらえたらと思う。

6.1　アンゾフの4つの戦略

　事業機会の発見や選択に関する考え方は，マーケティング論の中では頻繁に

第Ⅱ部　イノベーション・マーケティング

登場する一方，イノベーション論ではほとんど目にしない。しかし，事業機会の発見とイノベーションの創出は極めて密接に関係している。

　イノベーションの創出は一種の確率論的な性質がある。科学技術の成果と同じで，結果を事前に100％予測することは不可能だからだ。だからこそ，非論理的ではあるものの，事業者の想いの強さなどが重要視されることも多い。ベンチャーキャピタルがスタートアップ企業に投資する際のチェック項目にも必ず事業者の人柄や熱意が加わっているのも，同様の考え方に基づくものである。

　しかしながら（そして極めて当然ながら），想いの強さだけではイノベーションは起こせない。我々は，確率論的性質を帯びるイノベーション創出に対し，少しでもその成功確率を高める方策を考える必要がある。

　その方策の1つとして世に広く浸透した戦略が「アンゾフのマトリクス」である。このマトリクスは事業機会をどう選択するかをわかりやすく整理してくれるため，世界中のテキストで活用されている。図表6-1がその基本概念図である。この図自体は世界中で学習されているものと変わりないが，その解釈や使い方は本書の中で少しだけアレンジしていく。

　アンゾフのマトリクスは，ご覧の通りの4つの象限で構成される。横軸は，対象とする（あるいはこれから生み出そうとする）製品が，既存か新規か，で区別される。既存製品，新製品という考え方は極めてわかりやすいものだろう。さらにここでは"自社にとって"既存か新規かで区別する。したがって，すでに他の企業が類似の製品を市場投入していたとしても，自社にとって新しければ新製品として識別していく。

　縦軸は，その製品を投入する市場が既存か新規かで区別される。既存市場とは，すでに自社が取引している市場のことで，わかりやすく考えれば，既存の

図表6-1　アンゾフのマトリクス

		製　品	
		既	新
市場	既	①市場浸透戦略	③新製品開発戦略
	新	②市場拡大戦略	④多角化戦略

顧客と同義である。

6.1.1 市場浸透戦略

「既存の製品と既存の市場で成長を図る」

1つ目は，既存製品と既存市場の組み合わせである。概念としては，これが最もわかりやすい。が，いかにもレッドオーシャンといった感じで，高い成長を望む事業者からは敬遠されやすくもある。実際，既存の市場に成長する余地が残されており，かつそれを見出すことができることが条件となる。しかしその条件を満たすのはとても難しい。だからこそ，多くの市場は「ジリ貧」と呼ばれる状態に陥る。

既存市場の成長余地については，大きく分けて2つの考え方がある。1つが客単価の増加による成長であり，もう1つがリピート率の増加による成長である。

客単価，すなわち顧客が1回の消費で購入する金額を上げる方策として，最も基本的なアプローチは品質の向上である。高品質化やアップグレードは価格を上げる材料となる。あるいは，低価格帯から高価格帯までの製品ラインナップを用意している場合，徐々に高価格帯へ誘導することも考えられる。

これらの理論的な考え方は＜コラム　マーケットサイズのわかりやすい測り方と戦略立案への応用＞（P.112）にまとめたので，ぜひ合わせてお読みいただければと思う。

6.1.2 市場拡大戦略

「既存製品で新市場を開拓する」

ここでの新市場とは，自社がまだ参入していない市場のことを指す。市場拡大戦略の典型的な例は，販売エリアの拡大である。したがって，新規参入したエリアに同業他社がいるかどうかで，その経営環境は大きく異なる。

もし同業他社がいる場合，あなたはその市場にとっての「後発者」となる。当然，後発としての差別化が不可欠になる。例えば，スーパーやドラッグストア，ホームセンターなど，地域に密着した小売業は，文字通りそれぞれのご当地でローカル企業が発展する。しかし，地元への出店攻勢が一段落したとき，さらに成長を狙うには他のエリアに進出するのが手っ取り早い。そこで，まず

は隣県，またその隣県へと出店エリアを拡大していく。ここへ全国展開している大手流通・小売業が加わり，激しいバトルが繰り広げられているのが現在のスーパーやドラッグストアである。

　彼らにとって最も差別化しやすい戦略は価格であるため，特に価格弾力性の高い商品（少しでも安いと魅力的に映る商品）において限界まで値引き合戦が繰り広げられている。

　逆にもし新規参入エリアに同業他社がいない場合，あなたはその市場にとっての「先発者」であり，実にハッピーな経営環境が待っている，わけではない。そのエリアの消費者は当該商品を消費した経験がないため，参入企業は自ら市場開拓しなければならない。うまくはまればそれに越したことはないが，多くの場合，そう簡単にはいかない。このケースに該当する典型例が製品やサービスの海外展開である。

　よく知られるように，自動車やエレクトロニクス製品はすでに海外における売上高割合が高い。例えば，本書執筆時点で日本最大の企業であるトヨタ自動車の海外売上高比率はおよそ75％，日産自動車においては約90％である。これらはすでに現地の市場において自動車が普及しているため，日本車ならではの差別化特性を訴求することで，ここまでの地位を築き上げてきた。

　一方，同じ製造業でも食料品製造業の場合は全く状況が異なる。図表6－2は食料品製造業において上場している全企業136社の海外売上高比率をまとめたものである。最も健闘しているキッコーマン，ヤクルト，味の素ほか数社を除き，ほとんどの上場企業において海外売上高比率は30％に満たない。

　まれに「日本の食品メーカーは旺盛な内需に甘えて，外に目を向けてこなかった」という批評が見られるが，これは正確ではない。今言ったように，現地の消費者がすでに当該商品を消費する文化や生活様式を持っているかどうかで，参入する企業のマーケティング戦略の難易度は大きく異なる。例えば，「うま味調味料」を売ったり（後に欧米人にはうま味を検知する味覚があまり発達していないことが明らかになった），しょうゆを売ったり（そもそも彼らは生魚を食べなかった）することは，文化的側面による高い障壁が存在する。

図表6-2 食料品製造業の海外売上高比率（2015年）

海外売上高割合	企業数	全企業に占める割合
30％以上	5	3.7％
20％以上30％未満	6	4.4％
10％以上20％未満	10	7.4％
10％未満	79	58.1％
海外売上なし	36	26.5％
合計	136	100％

6.1.3 新製品開発戦略

「新製品を既存の市場に投入する」

この場合の新製品のイメージは比較的広く考えていただきたい。仮にどこかの企業が類似製品をすでに市場投入していたとしても，自社にとって新しければ新製品と見なそう。したがって，この象限の範疇には，製品ラインナップの拡大，季節製品の開発，低価格帯・高価格帯製品の開発等々が含まれる。

この戦略は，営業担当者の腕の見せ所といわれる。なぜなら，この戦略のターゲットは既存の顧客であり，彼らのことは営業担当者が最も熟知しているからだ。例えば，季節モノの投入は，既存の顧客を飽きさせないようにたえず新鮮さを与える役割がある。

また，製品ラインナップの拡大には，製品ブランドそのものの向上に資するという研究報告がある。製品の特徴，デザイン，カラーリング，品質，機能，成分，パッケージ，形やサイズ，フレーバーなど，あらゆる要素の比較的小さな変化をもって，ラインナップを拡大していくことができる。そして消費者は，このような製品ラインナップの多角化にブランドイメージを反映させる。

ただし，この新製品開発戦略を採用するに当たり，ぜひとも注意してほしいことがある。それは，自社製品の間で起こる代替効果である。

企業が生み出した新製品が当該企業の売上高に与える影響は，図表6-3にあるように正と負の2つの効果に分けて考えることができる。新製品がその新

規性から市場を新たに創出して売上を高める「市場創出効果」と，既存製品との競合を通じて売上を高める「製品代替効果」の2つである。

　ターゲットとする市場にとって新規性がある製品は既存製品との代替性が低く，当該新製品が売れた場合，その売上はそのまま当該企業の売上高にプラスされる。図表6-3でいえば，灰色のグラデーション部分で捉えられる上部の領域がそれに当たる。一方，新製品が既存製品と完全に代替する場合には45度線上の点で表されることになる。つまり，新製品で上げた売上は，すべて既存製品から奪う構造になり，この現象のことを「共食い」という意味で「カニバリゼーション」という。

　もしあなたが新製品開発戦略を意識しているなら，この既存製品との代替性をよく考えてほしい。世の中には大きなコストをかけて投入した新製品が，結果的に自社の既存製品の市場を奪っているだけの場合が頻繁に見られる。もちろん，既存製品との代替そのものを目的とする場合もある。例えば，一度購入してしまえば，比較的長く使えるような製品がそうだ。家電や携帯電話が典型例となる。しかし企業におけるトータルの売上高を増加させたいと考える場合

図表6-3　新製品と既存製品の代替効果

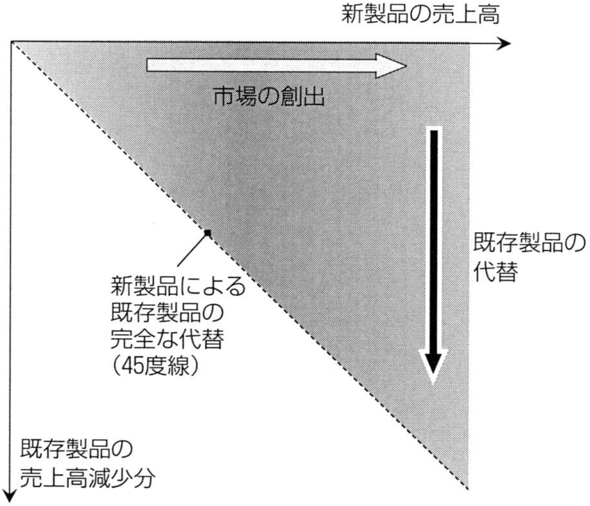

（出所）　西川・五十川・大橋（2010）

は，なるべく新製品と既存製品の代替性を低くし，図表6－3の右上を目指すことが理想となる。

6.1.4 多角化戦略

「新製品を新市場に投入する」

事業経験がある人もない人も，この戦略が4つの象限の中で最もハイリスクだということは想像できるだろう。ソニーによるエンターテインメント事業やゲーム事業，ヤマハの英語教室やリゾート開発，ダスキンのドーナツ事業（ミスタードーナツ），ブラザー工業のカラオケ事業（ジョイサウンド）など，この戦略下では華々しい成功例が目立つ。しかし，この背後には無数の失敗例が死屍累々と積み重なっている。

この戦略の著名な成功例の1つとして，富士フイルムの化粧品事業への参入がある。「フィルム研究で培ったコラーゲンに関する知見や写真の色褪せを防ぐための抗酸化技術など，独自のナノテクノロジーを生かしたヘルスケア商品」というのは，まさに納得感のあるストーリーだ。写真フィルムの主原料は肌と同じコラーゲンで構成されているし，写真の色褪せは酸化が原因であり，肌のシミや老化の原因と共通している。

最後にもう1つ，多角化戦略の例を紹介しておきたい。これは成功例というより，さあこれから，という事例だ。本書を執筆している2018年9月の時点で，英国の家電メーカーであるダイソンが電気自動車（EV）への参入を表明した。市場投入の目途は2021年ということで，もし成功すれば多角化戦略の著名な成功例の1つになるだろう。

ダイソンは2017年9月にEV製造への参入を表明して以来，英国本社近くの研究開発拠点で開発を進めてきた。この開発拠点に隣接する場所にEVの車両を検証するためのテストコースもすでに建設している。ダイソンといえば，高級家電というイメージがあるだろう。はたして本当にこのような家電メーカーが車を作れるのか？　というのが，一般的な日本人の感覚である。しかし，EVである以上，内燃機関は搭載しない。我々はよく車を発進させるとき「エンジンをかける」という表現を使うが，EVの場合には「電源を入れる」となる。つまり，すでにEVは走る家電に変貌している。

第Ⅱ部 イノベーション・マーケティング

　もちろん人を乗せる以上，安全性の重要性は掃除機や空気清浄機の比ではない。そのような「走り」に関する開発については，他社とのパートナーシップが重要になるだろう。さて，ダイソンの成否はいかに？

― *Column* ―――――――――――――――――――――――――――――――

マーケットサイズのわかりやすい測り方と戦略立案への応用

　本コラムでは，イノベーションとマーケティングの双方に関する良書，野中・勝美（2004）に掲載されている内容を引用しつつ，さらにアレンジを加えたものを紹介する。
　まずは図表6－4をご覧いただきたい。

図表6-4　マーケットサイズを表す立方体

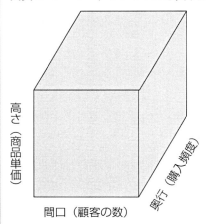

　この立方体の体積をマーケットの大きさとしよう。そうすると，マーケットは「横×縦×奥行」で計算されることになる。そして，まずはこの横と縦をそれぞれ，以下のように規定しよう。

　　横（間口）＝　顧客の数
　　縦（高さ）＝　商品単価

　こうすることで，マーケットサイズを非常にわかりやすく分解することができ

る。

　例えば，あなたが今，会社を経営していて，その顧客が10人いたとしよう。その10人がそれぞれ100円の商品をあなたから購入したとする。そうすると，10×100で1,000円分のマーケットサイズとなる。もし顧客の数が2倍に増えれば，マーケットサイズも2倍の2,000円になるし，商品単価が2倍の200円になれば，やはりマーケットサイズも2,000円になる。

　ただし，以上の計算は1回だけの購入を想定している。実際，仮に年に1回だけ10人が100円を購入するとすれば，年間のマーケットサイズは1,000円となる。そこでもう1つ，次の軸を投入しよう。

　　奥行　＝　購入頻度

　仮に年1回の購入頻度なら，この立方体は非常に薄っぺらいものになるだろう。しかし，月1回なら奥行は12倍となり，マーケットサイズも12,000円となる。
　この立方体が教えてくれる教訓はこうだ。もしあなたが自らの商売を拡大したいと考えるなら，「横・縦・奥行」のどれを狙った戦略なのかをしっかり確認するべきだ。間口を広げるのか（顧客数の増大），高さを増すのか（単価の上昇），それとも奥行を延ばすのか（購入頻度の増加），どれを目的とするのかによって採用すべき戦略は大きく異なるからだ。例えば本章で解説中の「市場浸透戦略」ならば，高さ（単価の上昇）や奥行（購入頻度の増加）を志向する戦略となる。
　なお，ここまでの議論だと，この立方体は「マーケットサイズ」ではなく「売上高」と呼ぶのが正確だ。しかし，これを「マーケットサイズ」と呼ぶのには訳がある。それは，この立方体が同一市場に参入する競合他社の数だけ存在するからである。それらの立方体をすべて足し合わせた総計が正確なマーケットサイズとなる。
　したがって，ぜひ競合他社の立方体の形も想像してほしい。各社とも，少しずつ形が違うはずだ。事業を論じるとき，多くの事業者は立方体の体積は非常に気にする。つまり，売上高（あるいはシェア）ランキングだ。もちろんそれが重要なのは否定しないが，それと同じくらい立方体の形，つまり事業形態も重要だということを認識してほしい。

第Ⅱ部　イノベーション・マーケティング

6.2　マーケティングの手順と構成要素

　図表6-5に，一般的なマーケティングの流れを示す。おそらくどのテキストでも，マーケティングの手順の最上流にマーケティング・リサーチを位置づけていることと思う。まずは敵を知ること，戦いは情報がすべて，ということで，対象とすべき市場や顧客がどのような構造になっているのかを知るために必要不可欠なスターティング・ポイントといえる。

　ここでの特徴として，各プロセスを3つのフェーズに分けて考えることとする。これは各プロセスが何を主目的としているかを明確にするためで，逆に他の多くのテキストではこれが曖昧なままである。

　また，図表6-6では，特に企画フェーズを強調する形で，時系列順に進むマーケティング・プロセスの例を示した。この図はあくまで一例だが，多くのマーケティングは既存製品やサプライチェーンの見直しから入る。と同時に（マンパワーがあれば）マーケティング・リサーチを実行する。したがって図表中でもそれらが最左に位置づけられる。そこから先は，これでもシンプルに描いたくらいで実態はもっと複雑な手順となっていることだろう。

図表6-5　一般的なマーケティングの実行手順

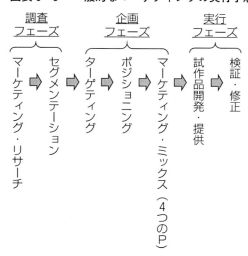

図表6-6　マーケティング・プロセスの時系列の一例と企画フェーズの概要

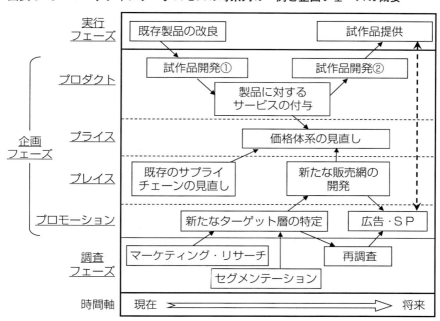

　最近は大企業だけでなく，中小企業や県庁，市役所などでも「企画」を冠した部署が見受けられるようになった。そのため就職活動中の学生から頻繁に「マーケティングと企画は何が違うのですか？」と聞かれるようになったが，多くの場合，「企画課」はこの企画フェーズをコントロールすることを目的として作られた組織と思って間違いないだろう。概念的には，「マーケティング ∋ 企画」という集合関係にある。

6.3　マーケティング・リサーチ

　「情報を制する者は戦いを制する」というが，そもそも経営学は戦争をモチーフにしているところが多く，戦略，支配など，戦いに関する用語がたくさん登場する。
　その重要な情報戦の根幹に当たるのがこの調査フェーズである。

マーケティング・リサーチの扱う範囲は広い。いわゆる一般的な市場調査のような活動から，実際の製品サンプルやプロトタイプを使った実験のような取り組みまで含まれる。そのため多くの専門書が出版されているので，本書としても詳細はそちらへ譲らざるを得ない。

またその方法論も様々で，各分野で高度に専門化されている。それらを整理すると，大きく分けて「定量調査」と「定性調査」，そして「実験」がある。

6.3.1　定量調査

定量調査の代表格は質問調査である。質問調査にはいくつかの方法があって，その主な特徴を整理すると図表6－7のようになる。昨今では，支持政党などを問うようなマスメディアの一部の調査を除き，電話調査はあまり見られなくなった。若者世帯における固定電話の減少などによるところが大きい。逆にインターネットを使った調査は急増している。ただし，インターネット調査では，回答者の母集団に大きなバイアスがかかることが問題となる場合が多い。インターネットに親しんでいるかどうかということは，次のセグメンテーションで解説するように，ある種のライフスタイルを規定するため，似通った母集団になってしまいがちだからである。

図表6－7　質問調査の方法

	面接調査	電話調査	郵送調査	インターネット調査
一件当たりのデータ量	多い	少ない	中	中
複雑な質問	可能	難しい	一部可能	一部可能
視覚的な用具の利用	可能	不可能	一部可能	一部可能
回収率	高い	中	低い	低い
データの回収時間	短い	短い	長い	中
母集団のバイアス	低い	低い	中	高い
コスト	非常に高い	中	低い	非常に低い

定量調査で重要なのは，データの収集方法もさることながら，その分析方法も見過ごしてはいけない。各種の統計手法が用意されており，これを駆使することが求められる。残念ながら筆者の経験上，多くの大学生は（たとえ数学を受験科目に選択した学生であっても）ここで「離脱」する。このこと自体，日本の産業競争力上の大問題であり，いいたいことは山ほどあるのだが，ここでは議論を慎むことにする。

しかし現実にはそこまで身構える必要はない。基本的な分析はエクセル等の統計ソフトがやってくれる。特にマーケティングで最も頻繁に使われる手法である相関分析や回帰分析は，ごく簡単なエクセル操作で可能となる。30件程度のデータがあれば可能なので，ぜひトライしてみてほしい。

6.3.2 定性調査

次は定性調査である。読んで字のごとく数量ではなく質的なデータを追い求める手法で，これも大きく分けると，最も頻繁に活用されるのが「話を聞く」作業であるインタビュー調査と，同様にマーケティングでは大きな威力を発揮する可能性のある観察法がある。

インタビュー調査については解説の必要はないかもしれない。ただし，1つだけ強く注意喚起しておきたいことがある。それは「質問者の姿勢」である。多くの人はインタビューの訓練を受けていないと思われるが，そこには高度なテクニックが存在する。最も注意してほしいのが「バイアスを与えない」ことだ。多くの事業者がインタビュー調査を行うと，「自分が欲しい情報に傾聴する」傾向が強い。重要なのはこのようなバイアスを排除すること。市場を正しく見たければ必須事項である。聞き手はロボットになりきるくらいでちょうどよい。

一方，観察法はそのようなバイアスを除去するにはよい調査法だ。いかにも簡単そうなその名前とは裏腹に，こちらも一定の高度なテクニックが求められる。観察者の技量によって得られるデータは全く違ってくるためである。特に専門的なテクニックとして注目されているのが，エスノグラフィーやアクションリサーチと呼ばれる方法である。

エスノグラフィーとは，一言でいうと対象とする人の行動を詳細に観察する

ことで，問題点やニーズの発見を試みる方法である。アンケートやインタビューと大きく異なる点は，対象とする人の認識に依存しているかどうかである。アンケートやインタビューでは，回答者が意識していることしか答えることができない。人は無意識のことは答えられない。

　ニーズは，顧客自身が認識しているとは限らない。そこでじっと観察する，あるいは一緒に行動する，あるいは一緒に生活する，ということが有効となる。この考え方は，イノベーションを創出するのに大きな威力を発揮しているので，忘れないでほしい。

6.3.3　実験

　最後に実験について触れる。その名の通り，人を使って実験してみようという手法だ。やや聞こえが悪いように，実際に世間からの印象もかんばしくない。そのため，特に日本では実験法はあまり使われることはない。逆に，実験大国の米国でどのように行われているかというと，全く同じ条件を持つ集団（被験者）を複数用意し，調べたい要素のみを変化させて非験者の反応を記録するというものだ。

　そこで仮想実験してみよう。

　今，80人の被験者を用意し，室温が15度，20度，25度，30度という4つの部屋に20人ずつ入ってもらう。この際，この20人は性別，年齢，職業などで偏らないようにする。そして，あなたは「30分後に試験を開始するので，それまでご自由におくつろぎください。そこにあるお菓子もご自由にどうぞ」と言って，洋菓子（チョコレートケーキ）と和菓子（大福）を部屋に用意し，立ち去る。

　これで，準備完了。実験スタート。あとは各部屋に設置したカメラから送られてくる画像をじっと観察するのみ。

　どのような実験か，もうおわかりだろうか？　これで洋菓子と和菓子の選択が室温とどう関係があるのか（あるいはないのか）がわかる。

　実際に筆者はこのような実験をやったわけではないし，やったということを聞いたこともないので，もし興味があればぜひ試してみてほしい（洋菓子と和菓子を別のものに入れ替えれば，あらゆる商品が実験可能となる）。もし有意な差が出た場合，室温をコントロールすることで，消費者の行動を誘導するこ

とができるかもしれない。このように，実験法は設定する条件によって，絶大な効果を発揮する可能性がある。

6.4 セグメンテーション

セグメントという言葉は，もう日本語に訳さなくても意味を理解できる人が多いと思う。市場や顧客といった集合体を細分化していくわけだが，どうもこれをマーケティングの中では比較的容易な作業と思っている人が多いようだ。だが，それは強く否定したい。実際の事業戦略を企画するうえで最適な「小分けパック」を作ることは非常に難しく，かつ創造性を要するものだ。その理由は，今から解説するセグメントの切り口には無数の方法が存在するからだ。それを，目的に合った形で採用していかなければならない。そして，場合によってはこのセグメンテーションの仕方が事業の勝敗を分けることになる。

セグメンテーションの基本的な考え方は大きく分けて次の2通りしかない。「人口動態的特性（デモグラフィック）」と「社会心理的特性（サイコグラフィック）」である。

6.4.1 人口動態的特性（デモグラフィック）

デモグラフィック（demographic）とは，年齢や職業などがほぼ等しい集団（層）のことを指す。マーケティングでは，これをさらに2通りに区別して整理する。どちらも誰がどう計測しても変わらない客観的なデータである。

1つ目は「帰属特性」と呼ばれるもので，人がこの世に生を受けたときから基本的に不変（あるいは変化が一定）の特性を指す。例えば，性別，人種，出身，年齢，身体的特徴などが含まれる。もう1つは「達成特性」と呼ばれるものである。これは，生きていく過程で変化しうるもので，身体的能力，学力，家族構成，居住地，職歴などが対象となる。

これらのデモグラフィック情報は基本的に収集しやすい。収集しやすいというのは，簡単に手に入る，という意味ではなく，質問者が設問を設定しやすく，かつ回答者が答えやすい，という意味である。したがって，日常的に見るお客様アンケートなどは，収集したデータをどう分析するかを考えもせずに，とり

あえずこれらデモグラフィック情報を問う項目が並んでいる。逆に，明確な数的情報が手に入るため，収集と分析の狙いがしっかりしていれば，強力なエビデンスとなり得る。

6.4.2 社会心理的特性（サイコグラフィック）

デモグラフィックと対照的なもう1つのセグメンテーションのためのデータソースがこのサイコグラフィック（psychographic）である。デモグラフィックが客観データなら，サイコグラフィックは主観データといえる。主観データであるということは，基本的にその収集項目は無限である。作り手によっていくらでも増やせる。好き嫌い，興味関心，価値観，性格，経済的感覚などが定番である。

「あなたはどのくらい○○が好きですか？ 10段階でお答えください」といった数量で比較可能なデータとして収集する方法もあれば，「あなたの好きな食べ物は何ですか？」といった大雑把なくくりの問いも考えられる。また，「あなたの好きな色を教えてください」と問えば，ある程度の選択肢から選ばれることが必然であるため，事後的なグルーピングが容易になる（これらにはそれぞれ異なった統計分析法がある）。

ここでも最大のポイントは，その狙いは何なのか，ということになる。本書では紙面の都合上，具体例を紹介することはできないが，ぜひ様々な実例を学んでもらえればと思う。

6.5 ターゲティング

ターゲティングとは「市場や顧客をどのように狙うか」というプロセスである。ここからは事業者の意思，希望，想い，好き嫌いなども入り込む。

ターゲティングは次の3つ，マス・ターゲティング，分化型ターゲティング，オンリーワン・ターゲティング，に区分して考えるのが最もわかりやすい。

マス・ターゲティングとは，その名の通り大きな顧客集合体そのものを狙う考え方である。よく誤解されるのだが，本来のターゲティングは目の前の顧客がターゲットそのものだった。つまりオンリーワンであり，これがターゲティ

ングの基本的な立ち位置である。機械化とエネルギー革命が大量生産・大量流通を可能とすると，徐々に先進国の中でナショナル・ブランドが誕生する。いわゆる大手メーカーのことである。彼らは，独自に研究開発を行い，高品質のモノを安価に，そして大量に製造し，一気に普及させるモデルを確立した。このとき最適なターゲティングがマス（理論上の最大値は全国民）であった。マーケティング・コンセプト（4.3節）でも見たように，マーケティングの「販売志向」が強化されたものこの頃である。

　世の中の多くの人に一定のモノが行きわたると，徐々にマス・ターゲティングの効果が薄れるようになる。そこで，売る相手をより詳細に知る必要が出てくる。ここに，本格的なターゲティングの必要性が浮上する。それが分化型ターゲティングと呼ばれるものである。セグメンテーションの項で示されたように，ある程度の大きさに分化されたターゲットに対し，どこに狙いを定めるべきなのか。筆者が見てきた限り，このプロセスは，過去からの流れや現段階での顧客層，一般的な常識によって比較的安易に決定されがちであるが，一度踏みとどまって熟慮したほうがよい。ターゲットの方向を少し変えるだけで，採用すべき戦略は大きく異なることも珍しくない。

　そして最も細分化されたターゲットが1人の顧客である。したがって，この概念だけを抽出してone to oneマーケティングといったり，パーソナライズド・マーケティングと呼んだりすることもある。おそらく読者の多くは，企業（特に大企業）が1人の顧客を対象とすることなど不可能あるいは意味がないと思うだろう。商品の単価によるが，1人の顧客から上がる売上などたかが知れている。それをターゲットにする意味がわからない。といった具合である。しかし，そんなことはない。むしろ現在のマーケティングでは，このオンリーワン・ターゲティングこそが主流だといっても過言ではない。その理由は，次の全く異質の2つにある。

　1つ目は，顧客を1人に絞ることで，本来提供すべき（提供したい）価値が明確になることがある。それが結果的に多くの顧客の心を摑むことになるのだ。このため，特に心がこもるような製品やサービス，例えば料理，旅行，音楽，ウエディングなどで，オンリーワン・ターゲティングの発想は強く刺激され，それが他の多くの分野にも波及していった。

第Ⅱ部　イノベーション・マーケティング

　もう1つ，オンリーワン・ターゲティングが際立つ理由は昨今のITの進展である。ITを使った一般的なオンリーワン・ターゲティングのアプローチは次の通りである。まず大前提として，消費の仕方や購入後の扱われ方など，顧客の体験からターゲットの差別化を考える。そうすると，顧客の購入履歴や行動履歴が徐々に意味を持つようになる。特にオムニチャネル化した顧客接点によって多面的に，かつ膨大に得られる顧客情報がストーリー化してくる。すでに一部の巨大IT企業がこのような取り組みを実践して利益を上げているが，まだまだこれから進化する余地が残されているように思われる。

6.6　ポジショニング

　筆者の知る限り，ポジショニングは多くの事業者にとって関心のあるところだと思う。実際に多くの企業では，自社のポジショニングについて日常的に検討していたり，可視化して共有しているように思われる。この利点はやはり，文字通り自社の立ち位置が明確になることにある。特に技術ポジション，ブランドポジションなど，競合他社との比較は，様々な意思決定をする上で欠かせない材料となる。

　ポジショニングは通常，2次元のマップに落とし込んで可視化することが多い。さっそく一例を示してみよう。図表6－8では，自動車業界のポジショニングマップを作ってみた。本来，各自動車メーカーが作成する場合はもっと細かく，かつリアルに企業名や車種名を記入するが，ここでは個別企業の立場に配慮して少し抽象化して作成した。

　ポジショニングを考える際，何においても重要なのはその評価軸だ。どんな軸で競合他社との比較を行うのかによって，そのポジションは全く異なるからである。

　また，マッピングを行う際，経年変化についても理解が深まるとなおよい。図表6－8の場合，かつては右肩上がりの斜線軸（第1象限と第3象限）が主な市場だった。そこへ近年になって，女性的で可愛らしいのに高級感がある（第2象限），カッコよくかつ手軽に乗れる（第4象限）といった市場が創出されてきた。特に2018年秋の時点では，右上のセダンやスポーツカーの販売台数

図表 6-8　自動車業界のポジショニングマップ

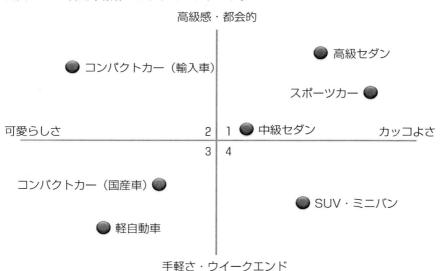

が端的に減少し，その分SUV市場への転換が進んでいる。

　ただし，基本的に差別化要素のないような場合，つまり同質財と呼ばれるような商品の場合は，原則として価格以外の比較要素がないためポジショニング自体が無意味となる。換言すると，価格競争とはポジショニングの評価軸の枯渇と同義である。価格競争から脱したいと願うならば，顧客や消費者の中に新しい評価軸を植え付ける必要がある。ポジショニングの視座から見たイノベーションの創出とは，新たな評価軸の創出である。

　さて，ここからは通常とは少し異なった形のマップを用いてポジショニングを深めてみたい。筆者自身はそのマップを「消費シーンマップ」と呼び，教育活動でよく利用しているものである。評価軸として，縦軸に消費量を，横軸に価格を置く。そうすると，原則として同一業界では低価格のものほど消費量が多く，また高価格のものほど量自体はそれほど消費されないため，消費シーンマップは右肩下がりに製品や企業が配置されることになる。

ケース　カルビーの市場支配力

　まずは図表6-9を見てほしい。これは日本国内の主な上場食料品製造業の従業員数を横軸に，ROAを縦軸にとり，各上場企業をプロットしたグラフである。ROAとはReturn On Assetsの略で，総資産利益率を表す。したがって，右へ行けば行くほど規模が大きい企業，上へ行けば行くほど収益性の高い企業となる。

　日本の食品メーカーの中で最大規模クラスとなるのはJT（日本たばこ産業）やキリンだ。これらは年間売上高2兆円を達成している。

　さて，ここで注目してほしいのは縦軸である。明らかに突出して収益性の高い2つの企業がある。これがカルビーとJTである。特にカルビーは，2016年3月期のROAが15.8％，2017年3月期のROAが16.0％と堅調に推移している。ずばり，なぜカルビーはこんなに絶好調なのか？　それが本ケースの焦点である。

図表6-9　主な上場食料品製造業の従業員数とROA（2015年）

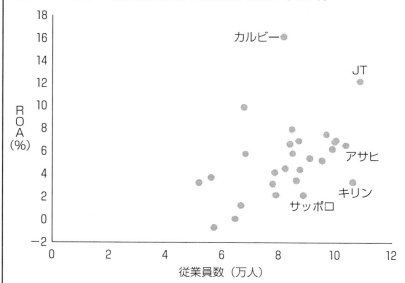

第6章　事業機会の発見と差別化の追求

　ここはケース学習らしく，少し遊び心を持ってみよう。以下の表は，カルビーの商品売上高トップ5とそのキャッチコピー（あるいはセールスポイント）である。

第1位	「年間6億袋が売れる！」	⇒	ポテトチップス
第2位	「外出時のお供と言えば！」	⇒	じゃがりこ
第3位	「やめられない止まらない♪」	⇒	かっぱえびせん
第4位	「ジャガイモ丸ごと！」	⇒	Jagabee（ジャガビー）
第5位	「緑色のお馴染みのあの袋！」	⇒	サッポロポテト

　さて，本題はここからだ。改めて，なぜカルビーは菓子業界の中でここまで突出した利益を上げることができるのか？　商品のランキングを見ればおわかりの通り，カルビーの売れ筋商品は，要するにじゃがいもを加工して揚げているに過ぎない。そんなスナック菓子メーカーが，飲料メーカーや調味料メーカーなど，強者ひしめく食品製造の業界で最高の収益性を達成しているのはなぜか。
　その答えを消費シーンマップを作成することで探ってみたい。
　図表6-10は，カルビーの売れ筋商品を消費シーンマップに落とし込んだものである。縦軸，横軸とも，厳密に計算してプロットすることも可能だが，ここではあえてわかりやすく概念的に示すことにする。先に消費シーンマップの解説で述べた通り，このマップはおおむね左上から右下にかけて，右肩下がりにデータ（商品や企業）が並ぶ傾向にある。このカルビーのマップも同様の傾向になった。
　左上には当然，ポテトチップスが入る。ランキングの通り，最も消費量が多く，そして価格も安い。楕円の中はカルビーのホームページおよび学生たちの意見を参考にした消費シーンの典型例である。次が，じゃがりこである。ランキングでも第2位となっている通り，ポテトチップスよりやや消費量は劣る一方，価格は少し割高だ。多く消費者は気づいていないかもしれないが，実はじゃがりことポテトチップスの内容量は同じ60gに設定されている（2018年12月時点）。

125

そして次にくるのがジャガビー，じゃがポックルとなる。じゃがポックルは北海道で売られているお土産の1つだ。発売されたのは2002年で，当時は新千歳空港のお土産店で売り切れが続出し，長蛇の列ができるほどの人気だった。ジャガビーのすぐ隣に配置したが，実際の価格は一気に高くなる。北海道のお土産として，誰かに喜んでもらうべく購入される商品だろう。

　このようにして見ると，低価格帯から高価格帯まで，カルビーがいかにして多様な消費シーンに対応した商品を提供しているかがわかる。先ほど，じゃがいもを加工して揚げるだけ，と称してしまったが，逆にいえば，たったそれだけでここまで消費者のニーズを喚起し，親しまれていることは特筆ものである。主な発売時期の流れとして，カルビーは左上から右下へと徐々に消費シーンを拡大してきた。そして今，このようにスナック菓子としての市場を完全に支配するに至っている。「マーケティングとは顧客創造である」とはドラッカーの有名な言葉だが，カルビーは自力で消費シーンを開拓し，顧客を創り出すことに成功している。

図表6-10　カルビーの消費シーンマップ

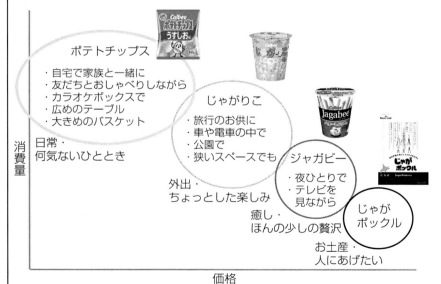

6.7　マーケティング・ミックス（4つのP）

　前節のポジショニングまでが，市場，消費者，競合他社に関する情報の収集・分析をベースとした戦略の検討だとしたら，マーケティング・ミックスは自社におけるアクションプランの検討といえるだろう。それが「マーケティングの4つのP」と呼ばれるものである。4つのPとは，Product（製品・サービス），Price（価格），Place（流通・販売），Promotion（広告・販売促進）である。日本語では，括弧の中の単語に「戦略」をつけて議論することも多い。マーケティング・ミックスという言葉は，実際にはこの4つは独立ではなく，相互作用するために用いられる。

　以降，それぞれのPをしっかりと解説したいところだが，そうすると本が4冊書きあがるので，ここでは興味深いと思えるポイントを一緒に押さえていこう。

　また，Productについては，本書の中でも各所で論じてきているので，ここではあえて取り扱わない。

6.7.1　チャネル戦略

(1)　**日本の流通チャネルの基本スタイル**

　まずはPlace（流通・販売）から。プレイスとは場所のことであるため，流通や販売に関する戦略をプレイスと称するのはやや違和感があるだろう。多くの事業者もチャネル戦略として理解していると思われる。チャネルとは，基本的にはテレビのチャンネルと同じ考え方で，「流れてくる経路」を意味する。そのため「チャネル戦略＝流通・販売戦略」となる。

　流通経路の基本パターンは，図表6－11の(ｱ)の通り，製造業者－卸売業者－小売業者－消費者となる。もちろんこれが基本パターンであり，実際には，卸を飛ばすパターンや，メーカーが直接販売する，あるいは販売会社を持ちそこが販売する(ｲ)や(ｳ)のパターンがある。

　(ｱ)のパターンは，卸を介した伝統的なスタイルであり，食品や日用品などの流通の多くはこのパターンを出発点としている。2018年10月に移転が実行され

図表6-11　主な流通経路

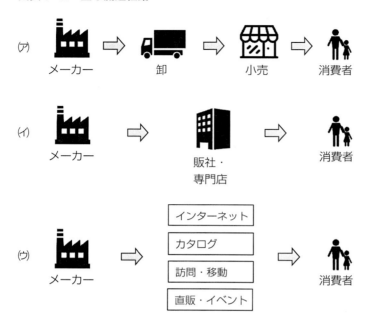

た豊洲市場の機能はこの典型例だ。実際には，これらの市場の中には「仲卸（なかおろし）」という業者も多く存在し，彼らが卸業者と小売業者を仲介する。食品（特に生鮮品の場合），小売業者の中にはスーパーやコンビニの他に飲食店なども含まれるため，食品が卸される状態に対する要望は細部にわたり異なる。そこで仲卸がその御用聞きの専門家となり，卸と小売を助ける働きをしている。

　皆さんは「制度品流通」という言葉を聞いたことがあるだろうか？　メーカーが自社系列の販社や支社を通して商品を契約した小売店に販売するシステムで，資生堂やカネボウなど，主に化粧品メーカーが採用している。メーカーが小売店にカウンセリング販売を行う美容部員（ビューティー・アドバイザー等）を派遣することでも知られる。これが(イ)の代表的なパターンとなる。あらかじめ販売店と契約し，彼らが独占的に販売する方法で，化粧品のほか，古くは家電製品などもこのパターンで流通していた。商店街を歩くと，「カネボ

ウ」と書かれた立て看板や,「Panasonic」(かつては「National(ナショナル)」)と掲げられた電気屋さんを見かけたことはないだろうか。

また,販社を活用したもう1つの代表的業界は自動車である。「○○トヨタ」,「トヨペット」といったカーディーラーを見かけたことがあると思うが,これらの販売代理店で扱う車はすべてトヨタ自動車が製造している。トヨタの製品ラインナップは多岐にわたるため,このように販売代理店を車種によって区別することで,効率的な流通・販売を実現する,というのが狙いだ。ただし,2018年にトヨタ自動車はこれらの販売代理店を徐々に統合する,と発表している。家電も車も,時代とともに変化が促されている。

(ウ)のパターンは特に説明は必要ないかもしれない。消費者にとってはメーカーが直接販売するのが最もわかりやすいからだ。ただその中には,自らが小売機能を持ち直販する,インターネットで販売する,カタログを配布し注文を受ける(通販)など,そのチャネルは多様化(オムニチャネル化)している。多くのメーカーにとって直販は,失敗するリスクが高い反面,①マージンをとられないため利益率が高い,②消費者と直接接することができる,③ブランド戦略を展開しやすい,といったメリットが存在するため,魅力的なチャネル戦略である。

(2) 基本形からの変化:誰が主導権を握るのか

「そうは問屋が卸さない」とはよくいったものだ。この言葉に集約されるのは,問屋こそが主導権を握る,パワーの中枢だったということだ。先の図表6-11の(ア)をもう一度見返してほしい。紙面の都合上,シンプルに描いているが,本来は1社の卸業者の両サイドに,複数のメーカーと小売業者がつながる形になる。複数のことをNと表すと,N:1:Nの構造となる。この構造になると,どのメーカーから仕入れるのかは卸の裁量,どの小売に卸すのかも卸の判断1つということになる。当然,卸の意に反することをしようとしても,まさに「そうは問屋が卸さない」状況となる。

ただし,これは過去形で書かれる話だ。歴史的に見れば,非常に長い間続いた卸主導のこのパワーバランスを崩し始めたのが,両サイドのNとして甘んじていたメーカーと小売業だ。

まずはメーカーが何を起こしたか。諸外国から見てどうかはさておき，仮に「日本＝技術立国」とするならば，それは戦後のメーカーの技術開発力の上に成り立つ。特に世界的に見て特筆すべきはプロセス・イノベーションの創出力だ。良いものを安く，そして大量に作り出す技術を次々と実現した。その過程で，様々な公害を引き起こすなど，一時期はその安全性に大きな課題を生み出したが，今はそれも解消に向かっている。

　ここから先は，マーケティング・コンセプトの節で解説した通りだ。良いものを安く大量に，そして安全に作れるようになったメーカーは，製品を全国民へ届けようと努力する。「販売部門」の強化は，そのままマス・プロモーションの強化へと結びつき，いわゆるナショナル・ブランドとして台頭していく。このように国民の間で親しまれ，尊敬されるブランドへと成長するに従い，流通における主導権もメーカーへ移っていった。

　もう一方の小売業では何が起こったか。「商業統計」によると，小売業者の数が最も多かったのは1982年で，その数は170万店を超えている。これは現在のビジネス環境からすると信じられない数だ。このうち食品を取り扱っている小売に限定しても70万店を超える。よく比較として出されるコンビニの数が，2017年でおよそ5万8千店である。まさに商店街の全盛時代といっていいだろう。「シャッター街」という言葉が生まれて久しいが，もともとシャッターを持つ店の数が尋常ではなかったのだ。

　1982年以降はどうなったか。ここから小売業の新たな台頭が始まる。具体的にはチェーン店展開と店舗の大型化だ。今振り返れば，消費者にそういったニーズがあったのだろう。餅は餅屋，肉は肉屋で買うのではなく，すべて個包装された商品を自分で選ぶ。対面式の販売はわずらわしくなり，会計も店舗ごとではなく，レジで一括。ダイエーをはじめとした大型スーパーの小売スタイルが急速に全国に広まった。結果的に，先に示した食品取扱小売業の数は，2017年では10万店を切っている。

　小売業の主導権強化はここから始まる。かつて「専門店街」といえば各駅前の商店街だったが，今は郊外型のイオンモールを連想する人のほうが圧倒的に多いだろう。今でこそ「プラットフォーマー」といえばフェイスブックやグーグルなどの巨大IT企業を指すが，はるか以前にイオンは小売業におけるプラッ

トフォームを築いた。例えば，大型のイオンモールにおいて，実際にイオンが経営する面積は全体の2，3割で，その他は各専門店が並んでいる。想像以上のモータリゼーション（自家用車の所有率の向上）もこの郊外立地型トレンドを後押しした。現在では，「卸不要論」という言葉すらかき消すほど，大型小売業のバイイングパワーは巨大化している。

そして今その力は，ナショナル・ブランドをも上回ろうとしている。その象徴的な存在がプライベート・ブランドだ。プライベート・ブランドとは，小売業が統一したブランドで様々な商品を展開することを指す。イオンの「トップバリュ」シリーズ，セブンイレブンの「セブンプレミアム」などが代表例だ。2018年，キリンはイオンのプライベート・ブランドのビール製造を発表した。キリンは，「一番搾り」や「のどごし」といったナショナル・ブランドとしてのラインナップを持つ。一方で，イオンのビールも請け負う。

ナショナル・ブランドvsプライベート・ブランド。ぜひスーパーやコンビニで改めてその陳列を眺めてほしい。両雄入り乱れるといった感じだろう。

6.7.2　価格戦略

筆者はよく「主導権争い」という言葉を用いるが，筆者が考える主導権の象徴的な力は，価格決定権である。価格を決めるものこそが，最大の利益を得ることができる。そのくらいプライシングは重要な戦略である。その割に，日本の事業者は比較的プライシングに疎いという印象だ。

本来，プライシングは，要するにただ決めればよいという点において，マーケティングの4つのPの中でも最もシンプルな意思決定といえる。しかしこれまでのビジネスにおける膨大な先行事例たちは，単純化しすぎたプライシングは，製品が持つ潜在的な収益力を十分に発揮できない可能性が高いと我々に告げている。

ただし，プライシング戦略と一言でいっても，その検討材料は非常に多岐にわたる。本来，価格というのは，商品の価値の表明である。その商品は顧客にとってどのくらいの価値があるのかを，金銭的に表現したものだ。そこへ，競合他社との比較，価格弾力性，商品ラインナップとのバランス，リベートやアロウワンス，サプライチェーンにおけるマージンの設定など，考慮すべき要因

が次々と現れる。

　特に新製品発売時のプライシングは全く拠りどころがないために，事業者はひたすら正解を求めて迷路に迷い込むことになる。なぜなら初期設定時のプライシングを誤ると，当該製品から得られる収益を損なうのみならず，顧客におけるその製品へのイメージが固定化してしまい，半永久的にその製品を葬ってしまうことになりかねない。

　現実には，新製品開発者の頭の中は，高すぎる価格では潜在的な消費者を十分に掘り起こすことはできないという思考と恐怖に支配される。米国の調査会社であるマッキンゼーの発表によると，新製品のうち80～90％が理想よりも低い価格で市場投入されていたという。

　さて，ここで最も一般的なプライシング戦略を2種類，紹介しよう。1つ目は新製品のプライシングとして頻繁に使用される戦略である。これは市場スキミング・プライシングと市場ペネトレーション・プライシングと呼ばれる2つの戦略の対比構造で理解される（図表6－12）。

　スキミング（skimming）とは，すくい取るという意味で，市場の上澄みをさらっていくイメージに近い。高めと思われる価格設定で，流行に敏感な層や富裕層をターゲットに展開する。その代わり，早期の市場拡大を狙わず，あくまで先行者利益を獲得し，新製品開発費を早期に回収しようとする戦略である。そのため，プロダクト・ライフサイクルの導入期から，技術力等で他社を先行する必要がある。具体的には，コア技術が特許などにより保護されていたり，複雑あるいは特徴的なデザインを採用し，競合者の参入障壁を高くすることが不可欠となる。また，需要の価格弾力性が低く，高価格であっても購入者が現れることが期待できる製品が好ましい。

　ペネトレーション（penetration）とは，貫通するといった意味で，この場合は市場のど真ん中へ新製品を投入する状況がイメージされる。低めの価格設定を行い，市場の早期拡大とその獲得を狙っていく。初期の利益は期待せず，その代わりに早期の量産体制を整え，それによるコスト低下を図る。そして一気に市場の支配権を獲得することで，徐々に利益の最大化を狙う。プロダクト・ライフサイクルの成熟期に一気に突入させるイメージで，低い価格で短期間に市場を押さえるため，大企業向きの戦略といえるだろう。また，ライバル

第6章　事業機会の発見と差別化の追求

図表6-12　市場スキミング・プライシングと市場ペネトレーション・プライシングの比較

スキミング戦略	比較項目	ペネトレーション戦略
市場シェア＜利益	戦略的目標	市場シェア＞利益
イノベーター アーリーアダプター	ターゲット	アーリーアダプター アーリーマジョリティ
短い	投資回収期間	長い
導入期～成長期向き	プロダクト・ライフサイクル	成熟期向き
徹底した差別化と付加価値づけ	付随する戦略	コスト削減（製造コスト・品質管理コスト等）
中小企業・ベンチャー	主な企業区分	大企業
エレクトロニクス，ニッチ製品	得意とする業界	ICT，ゲーム，広告関連サービス

を力で抑え込むため，規模の面での参入障壁を築きやすい。

　もう1つの著名なプライシング戦略は，むしろ既存製品の価格帯の把握や見直しに活用されることが多く，次の3区分で表される。

　1つ目は「コスト積上型」である。製品の開発，製造，販売等，必要なすべてのコストに一定の利益を加えて販売価格を決定する方法で，消費者の目が厳しい日本では，最も納得感の得やすい方法といえるだろう。いわば「正直者の価格づけ」といった印象を与えるが，逆にいえば，それを企業イメージにうまく活用している場合も少なくない。

　2つ目は「競合志向型」である。競合他社が設定している価格を参考に決定するもので，追随者が最も採りやすい方法である。現代では，完全に新しい製品やサービスはほとんどなく，ほぼすべての場合において参照すべき競合品が存在する。この戦略を採用する多くのケースでは，競合品よりやや高め，あるいはやや低めの価格で市場投入している。これは，その製品の市場は，すでに先行者たる競合品によって印象づけられているため，ここから大きく逸脱しても消費者から受け入れられない可能性が高いと考えるためである。逆に，競合品とは大きく離れた価格を付けることで，実際は似た製品であっても，消費者から類似製品と見なされないようにするという方法もある。

133

3つ目は「需要志向型」である。消費者がある製品やサービスに対して，どの程度の価値を認めてくれているかによって販売価格を決定する方法である。この方法は，先の2つに比べて理想的で，そして難易度は格段に高い。最も難しい点は，消費者における価値観の把握であるといわれる。が，これは正確ではない。最も難しいのは，消費者自身がその製品に価値があるかがわからない（表現できない）ことである。消費者の潜在的な価格感応性を知ることは，特に新製品開発を成功させるうえで重要であるが，この視点もなかなか多くの現場で実装されるまでには至っていない。

6.7.3 プロモーション戦略

筆者の経験から，一般的に学生はプロモーションが大好きだ。これまでマーケティングの講義の序盤に，幾度となく次の質問をしてきた。

「マーケティング・ミックスの4つのPの中で，最も興味があるのはどれか？」

その答え（これまでの累積）は，プロダクト：32％，プレイス：4％，プライス：13％，プロモーション：51％，となる。

ただし，講義が進むたびにこの割合は変化していく。特にプレイスやプライスは，学生にとってそれまで深く考えたことのないテーマであるため，講義で知識を得るとともに興味関心は増加する傾向になる。

しかし，それでもなおプロモーションは人気だ。そして彼らの多くが誤解していることは，プロモーション＝広告と思っていることである。広告はプロモーション戦略の一手段でしかない。その定義は文献によって異なるが，「顧客に対しメッセージを発信するあらゆるコミュニケーション活動」と本書としては示しておきたい。プロモーション戦略とは，いまやコミュニケーション戦略と同義となりつつある。

その手段は極めて多岐にわたる。広告，セールス・プロモーション（SP：販売促進），人的販売，パブリシティ，DM，ロゴマーク，パッケージ，ラベル，コーポレート・アイデンティティ，社会貢献活動等々，列挙するだけでもこれだけある。

そこでここでは，皆さんにとって必須の知識と思われる主要な手段について，概観していこう。

第6章 事業機会の発見と差別化の追求

(1) 広告

おそらく一般的に最もわかりやすいプロモーションだろう。エリア等に関係なく，一気に多数の消費者にメッセージを送ることができる。しかも繰り返し届けられる。ただし，デメリットも多い。まず，多くの広告は高額だ。そして高額の割に時間的，空間的制約が大きい。また，消費者がどのように広告を受け取るかをコントロールすることはできない。

事業者からすれば，消費者に伝えたいことは文字通り山ほどあるだろう。しかし，当然そのまますべてをメディアに搭載しても，おそらくほとんどの人は関心を持ってはくれない。そのため，多くの広告はインパクト重視となる傾向にある。キーワードだけでも記憶に残してもらえれば。これが広告の基本トレ

図表6-13　メディア別の広告費

(年)	広告費（億円）2015	2016	2017	構成比（％）2015	2016	2017
マスコミ4媒体	28,699	28,596	27,938	46.5	45.5	43.7
新聞	5,679	5,431	5,147	9.2	8.6	8.1
雑誌	2,443	2,223	2,023	4.0	3.5	3.2
ラジオ	1,254	1,285	1,290	2.0	2.0	2.0
テレビ	19,323	19,657	19,478	31.3	31.3	30.5
地上波	18,088	18,374	18,178	29.3	29.2	28.4
衛星放送	1,235	1,283	1,300	2.0	2.0	2.0
インターネット	11,594	13,100	15,094	18.8	20.8	23.6
媒体費	9,194	10,378	12,206	14.9	16.5	19.1
製作費	2,400	2,722	2,888	3.9	4.3	4.5
その他のメディア	21,417	21,184	20,875	34.7	33.7	32.7
屋外	3,188	3,194	3,208	5.2	5.1	5.0
交通	2,044	2,003	2,002	3.3	3.2	3.1
折込	4,687	4,450	4,170	7.6	7.1	6.5
DM	3,829	3,804	3,701	6.2	6.0	5.8
フリーペーパー	2,303	2,267	2,136	3.7	3.6	3.3
POP	1,970	1,951	1,975	3.2	3.1	3.1
電話帳	334	320	294	0.5	0.5	0.5
映像展示等	3,062	3,195	3,389	5.0	5.1	5.3
トータル	61,710	62,880	63,907	100.0	100.0	100.0

(出所)　電通Webサイト

ンドといえる。そしてこのトレンドが行き過ぎると，諸刃の剣となって"炎上"を招くことになる。

　ちなみに，広告を載せる媒体のことを一般にメディアと呼ぶが，その種類は非常に多様だ。図表6－13は，大手広告代理店の電通が毎年発表しているメディア別の広告費の推移である。国内で使用される広告費の総額は，6年連続で上昇中である。これを牽引しているのはインターネット関連の広告だ。こちらは4年連続で2桁の増加率となっている。

　インターネット広告は急速に増加中だが，唯一，まだ追いつかれていないメディアがある。それがテレビだ。2017年の地上波における広告費が約1.8兆円。3か年を見るとほぼ横ばいといえる。

　その他のメディアについてはいずれも微減傾向にあるが，その中で唯一，増加基調を示しているのが映像展示等だ。等となっている通り，その中身は様々だが，イベント等での映像展示，デジタルサイネージやプロジェクションマッピングによる広告などが含まれる。

(2)　セールス・プロモーション（SP）

　こちらも広告と同等，あるいはそれ以上に多様で捉えにくい手段かもしれない。消費者の購買意欲を刺激する様々な方法のことで，例を挙げると，チラシ，特別陳列，値引き，クーポン，サンプリング（試食），プレミアム，おまけ，POP，限定品（期間，初回等）などが代表例だ。

　いずれも消費者にとってはお馴染みであり，どちらかといえば原始的ともいえる。しかし，その効果は侮れない。スーパーやドラッグストアなどでは，SPなしで現在の売上を維持することは考えられない状態となっている。商品によっては売上の大部分がSP展開時に計上される場合もあるほどで，これは逆にいえば値引きやPOPなど，全くSPのない状態での売上はほとんどないということだ。また，SP全体のうち30〜40％は値引きによるものといわれる。

　さてここで，SPの2つのメリットとデメリットを紹介したい。1つ目のメリットは，SPはプロモーション戦略の中で最も即効性があるということである。上記のSP例を見ていただければわかる通り，消費者には1秒単位で購入の決定をさせるほど即効性の高いものばかりだ。その即効性を最大限に活用した方

法がタイムセールといえるだろう。

　SPの2つ目のメリットは，プロモーション戦略の中で最も費用対効果が把握しやすいということである。事業者にとって実はこれはとても大きい。多くのプロモーションは，おそらくやらないよりはやったほうがよいだろう。しかし，どのくらいの費用対効果があったのか（あるいは赤字だったのか）は極めてわかりにくい。その点，SPは値引きした結果どのくらい販売量が伸びたのか，値引きなしのPOPだけならどうか，値引き幅を変えるとどうなるのか，曜日と値引きとの関係はあるのかないのか，などデータを取りやすいケースが多い。

　次に，SPの恐ろしいデメリットを2つ述べる。1つ目は，SP効果は持続しないということだ。値引きの例が最もわかりやすいだろう。値引きを続けると，消費者はその価格になれてしまい，徐々に割安感を感じなくなる。つまり，即効性のメリットとの裏表の関係にある。

　もう1つのデメリットは，この非持続性に関連する。かつて冬物の「セール」と言えば，1月2日から始まることが常だった。しかし今は12月中から「セール」を実施する店も少なくない。このことによって何が起こるか，すぐにおわかりだろうか？

　それは「需要の先食い」である。これが2つ目のデメリットである。（どうしても欲しいものを除き）1月のセールまで我慢していた消費者は，12月に値引きが実行された時点で商品を購入する。そして1月には何も買わない。これが先食いである。セールといえばアパレルのイメージが強いだろうが，実はこの先食いはほぼすべての業界で発生する可能性がある。日用品や食品（外食を含む）など単価の安いものから，車の買い替え，住宅購入など高額な買い物，海外旅行などのイベント的要素の強いサービスまで，先食いは発生する。いずれもSPを実施した直後は大きな売上増が見込まれるが，その後の落ち込みもまた激しくなる。

(3)　人的販売

　その名の通りの人海戦術を中心とした戦略だ。B to B市場では主要な直接交渉をはじめ，実演販売，展示会，見本市などが代表例となる。

　最大の魅力は何といっても人を介して直接プロモーションできることだ。そ

のため確実性が高まる。営業担当者が，兎にも角にも「まずは会ってもらう」ことを重要視するのはそのためで，仮に取引が成立しなくても相手からのフィードバックが必ず手に入ることも大きなメリットとなる。

　逆に（上記メリットの裏返しとして），製品やサービスの魅力以上に営業担当者の実力や信頼性が取引成立の成否を決める場合も多い。B to Bを中心としながらも，B to C市場においても，特に高額の商品を扱う場合にこの傾向が強まる。住宅販売などは典型例といえるだろう。

(4) パブリシティ

　おそらく読者の皆さんにとって，最もわかりにくいプロモーションだと思われるのがこのパブリシティだ。パブリシティとは，企業が第三者を介して情報公開することを指す。第三者とは，主にマスコミやその他各種の情報メディア，公的機関，教育機関等が該当する。ニュースで取り上げられる，特集記事になる，表彰を受ける，教育の一環で取り上げられるといった行為が代表例だ。したがって，例えば新聞に自社の名前が載るケースは2通りあって，広告欄かニュースや特集欄となる。前者が広告で，後者がパブリシティだ。

　広告の場合，事業者が自らお金を払い，載せたい情報を自らの責任において載せる。消費者はみな，企業の「自己主張」であることを前提として情報を受け取る。一方，パブリシティの場合，事業者はあまりお金がかからず，資料を提供したり取材を受けたりするだけで，自社情報を発信することができる。しかも第三者からの情報なので，消費者は客観的に（素直に）メッセージを受け取る。

　このようにパブリシティにはとても多くのメリットがあるため，企業側も相応の投資を行っているのが現状だ。

　ただし，すべての取材者が好意的に取り上げてくれるとは限らない。広告との最大の違いは，内容をコントロールできないことにある。悪意を持って取り上げられたり，あるいは意図しない取り上げられ方をしたりすることも多い。

第6章　事業機会の発見と差別化の追求

Column

ブラックな価格戦略：TED トークより

　皆さんは「TED」という世界的なプレゼンテーション・イベントをご存じだろうか？　世界の一流の人たちが，自分の経験や研究成果を巧みな話術とともにプレゼンテーションするという企画で，原則としてすべてのプレゼン（トークという）はインターネットで無料公開される。

　実は筆者（の1人：金間）もTEDトークを行った。原則公開のルールは問答無用なので，当然そのトークも公開されている。ただし，お目汚しになるので決して検索しないでほしい。筆者の場合は一流だからではなく，大学のイベントとして参加しただけなので，この点も誤解なさらぬように。

　実際に参加してみてわかったのだが，TEDはとても多くのルールが存在する。原則公開の他にも，聴衆は100名まで，スピーカーは半径1m程度の赤い円（通常は絨毯）から出てはいけない，トークは18分を超えてはならない，等々。

　さて，TEDの中から1つ，ダン・アリエリー（Dan Ariely）の「我々は本当に自分で決めているのか？」（Are we in control of our own decisions?）というトークを紹介したい。その中に，大変興味深い実験結果が紹介されているのでここで引用しよう。

　アリエリーはマサチューセッツ工科大学の教授で，学生たちにある実験を行ったと報告した。その実験とは次のようなものである（わかりやすくするため，彼のプレゼンとは少し構成を変えて紹介する）。

実験Ⅰ：
「（世界的に著名な経済誌）『The Economist』の定期購読の契約として，あなたならどれを選びますか？」
A：ウェブのみの購読：＄59　　68％
B：冊子＋ウェブ購読：＄125　　32％

　この問いの結果が，A，Bの右に書いた％である。結果は「まあお金のない学生にとってはウェブ版があればいいのだろう」という感じか。
　興味深いのは，彼はもう1つの似た実験をしていることである。それが次だ。

139

実験Ⅱ：
「『The Economist』の定期購読の契約として，あなたならどれを選びますか？」
A：ウェブのみの購読　：＄59　　　16%
B：冊子のみの購読　　：＄125　　 0%
C：冊子＋ウェブ購読　：＄125　　84%

　おわかりだろうか？　実験Ⅰと違うのはBが加わっているかどうかであり，他は全く一緒だ。実験Ⅱだけ見れば，Bを選択する人がいないのは当たり前だ。実際に，アリエリーはこの結果を見て，「MITの学生も文字は読めるようで安心した」といって聴衆を笑わせている。

　論点は，実験Ⅰと実験Ⅱの比較にある。よく見比べてほしい。聴衆が笑ったように，実験ⅡのBの選択肢は全く意味がない。にもかかわらず，その選択肢があるかどうかで，人はこうも選択結果が変わってしまうのだ。実験Ⅱだけ見せられれば，いかにもCでは"冊子を購入すれば無料でウェブ版がついてくる"と思い込んでしまう。だから，Cはお得だと。

　このコラムの見出しを"ブラック"としたのはここに理由がある。もしあなたが価格決定権のある事業者なら，まさにこのBの選択肢のように，誰も選ぶわけがない選択肢を加え，消費者の選択を誘導することができる。そのおとりの選択肢を加えるだけで，あなたも多くの人に125ドルを払わせることができるかもしれない。

■参考文献

(日本語文献)

伊神満（2018）．『「イノベーターのジレンマ」の経済学的解明』日経BP社．
上原征彦・大友純（2014）．『価値づくりマーケティング：需要創造のための実践知』丸善出版．
田上冬樹（2017）．『マーケティング・マインドとイノベーション』白桃書房．
立本博文（2017）『プラットフォーム企業のグローバル戦略』有斐閣．
西川浩平・五十川大也・大橋弘（2010）．「我が国におけるプロダクト・イノベーションの現状：第2回全国イノベーション調査を用いた分析」文部科学省科学技術・学術政策研究所Discussion Paper No. 70.
野中郁次郎・勝美明（2004）．『イノベーションの本質』日経BP社．
丸山雅祥（2017）．『経営の経済学　第3版』有斐閣．
和田充夫・恩藏直人・三浦俊彦（2016）．『マーケティング戦略　第5版』有斐閣．

（翻訳文献）

ダン・アリエリー＝熊谷淳子（訳）（2013）．『予想どおりに不合理』早川書房．
ダン・アリエリー＝櫻井祐子（訳）（2014）．『不合理だからうまくいく』早川書房．
ダン・アリエリー＝櫻井祐子（訳）（2014）．『ずる：嘘とごまかしの行動経済学』早川書房．
フィリップ・コトラー＝ケビン・レーン・ケラー（著）＝恩藏直人（監訳）＝月谷真紀（訳）（2014）．『コトラー＆ケラーのマーケティング・マネジメント 第12版』丸善出版．
フィリップ・コトラー＝ヴァルデマール・ファルチ（著）＝杉光一成（訳）（2014）．『コトラーのイノベーション・ブランド戦略』白桃書房．
ジャグモハン・ラジュー＝Z・ジョン・チャン（著）＝藤井清美（訳）（2011）．『スマート・プライシング：利益を生み出す新価格戦略』朝日新聞出版．

（英語文献）

Calantone, R. J., & Di Benedetto, C. A. (2007). Clustering product launches by price and launch strategy. *Journal of Business and Industrial Marketing*, 22(1), 4-19.

Kanama, D., & Nakazawa, N. (2017). The effects of ingredient branding in the food industry: case studies on successful ingredient-branded foods in Japan. *Journal of Ethnic Foods*, 4(2), 126-131.

Kanama, D., & Kido, T. (2016). A case study of the innovation strategy of a non-food-industry company regarding the traditional food supply chain. *Agriculture & Food*, 4, 687-695.

Keller, K. L., & Lehmann, D. R. (2006). Brands and branding: Research findings and future priorities. *Marketing Science*, 25(6), 740-759.

Lowe, B., & Alpert, F. (2010). Pricing strategy and the formation and evolution of reference price perceptions in new product categories. *Psychology and Marketing*, 27(9), 846-873.

Marn, M. V., Roegner, E. V., & Zawada, C. C. (2003). Pricing new products. *McKinsey Quarterly*, 3, 40-49.

第Ⅲ部

イノベーションの収益化とマネジメント

　第Ⅲ部では，第Ⅰ部で強調されていた利潤の獲得を長期的に実現するマネジメントと，そもそものイノベーションの創出を促進するマネジメントについて考えたい。組織としてイノベーションを起こしやすくし，収益を増やすためには何ができるのかが中心的な論点である。これに迫るには，技術経営論や組織論の立場から理解したほうがよい。
　イノベーションの創出から収益化の流れでいうと，第Ⅲ部が扱うのは，第Ⅰ部，第Ⅱ部で取り込めなかった箇所である。異なる学術分野からイノベーションを眺めることの面白さを感じていただければと思う。

第Ⅲ部　イノベーションの収益化とマネジメント

第7章

付加価値の保護

本章で学ぶ内容

- 競合他社との関係で，長期的な収益の獲得がどのような場合に難しくなるのだろうか？　本書では競合他社との関係での長期的な収益の獲得の方法を学ぶ。
- 知的財産権にはどのようなものがあり，それぞれ各種のイノベーションに対して何が有効なのだろうか？

　イノベーションを起こした直後は確実に差別化できる。ただ，これだけでは不足である。組織にとって重要なことは付加価値から得られる収益を持続的に得続けることである。

　このときの大きな障壁となるものが，模倣品・海賊版の発生と，競合他社による追随である。イノベーションを起こした者（イノベーター）がこれらを一定程度抑える方法について，法学と技術経営学の視点から概観しよう。

7.1　付加価値を守る必要性

7.1.1　模倣品・海賊版発生の可能性

　優れた製品やコンテンツ，ソフトウエアは，世界中で違法な模倣，コピーの格好の対象となっている。製品等の完全なコピーを行ったもの（海賊版）と，精巧に似せているもの（模倣品）の被害は世界的に深刻である。

　国際商工会議所および国際商標協会に提出されたレポートによると，2013年

時点で世界中の模倣品・海賊版の国際取引は年間4,610億ドル（約50兆円），国内生産・消費は年間2,490億ドル〜4,560億ドル（約27兆円〜約50兆円），映画，音楽，ソフトウエアのデジタルな違法コピーは2,130億ドル（約23兆円）と推計している（Frontier Economics, 2016）。

　特許庁の調査によると，2016年度に特許権，意匠権，商標権のいずれかを持つ日本企業の中では，同年度中に模倣品被害を受けた企業は回答企業の5.4%であった。技術の模倣，デザインの模倣，商標の盗用など幅広く被害が出ている。特に中国での被害が多く，この15年にわたって，ものづくり活動の世界的な拠点である中国からの模倣品対策はイノベーターが重視すべき事項となっている。

　ただし，上記の取引額そのものがイノベーターにとっての損害ではないことには注意が必要である。模倣品・海賊版を購入する顧客層は真正品を購入する顧客層とあまり重なっていないという分析結果がある（van der Ende et al., 2017）。実際，コンテンツ分野（特に音楽，映画）の海賊版の影響を分析した研究では，イノベーターに対する被害はそれほど大きくないということが推計されている（田中, 2011）。

　実際に問題になるのは，売上の減少よりは，ブランドを模倣した製品・サービスの品質が悪かった場合の信用毀損である。見た目やロゴマークの精巧な模倣であるにもかかわらず，中身の質が伴っていなかった場合に，イノベーターのブランドが損なわれてしまうのである。特にそれが深刻な健康被害や安全についての被害を生じさせたときは，大きな問題になりかねない。

Column

中国の知的財産権保護とこれからの日本のイノベーターに求められる対策

　模倣品の被害を受けているのは中国外の企業だけではない。近年，スマートフォンやPC，家電領域で伸びている中国のメーカーも深刻な模倣品の被害を受けている。中国は2014年以降，李克強首相を始めとする政治トップが，知的財産権の保護と知的財産権侵害への処罰を強めるというメッセージを繰り返し発信してきた。

第Ⅲ部　イノベーションの収益化とマネジメント

> このような中で，中国に関わるもう1つの知的財産権リスクが高まっている。中国で知的財産権侵害をしてしまうリスクである。中国政府はこの10年間知的財産権に対する意識を高めるため，積極的に特許権，実用新案権，意匠権の登録を自国企業に促してきた。その結果，それぞれ年間70万件近い出願が行われるようになり，世界で最も知的財産権が生み出される国になった。そのうちの多くが，補助金狙いの質の低い出願であることはわかっているが（Dang & Motohashi, 2015），膨大な出願を繰り返す中で，より良い知的財産権の生み出し方や活用の仕方を学んでいくであろうことは容易に想像される。

7.1.2　追随者（コピーキャット）の優位性

　悪質な模倣品・海賊版を作り出す者だけでなく，まともな競合他社も優れたイノベーションを見逃すわけはない。イノベーションに対しては追随がほぼ必ず発生する。ある調査によるとイノベーションを起こした者が得ているのは，イノベーション全体の収益の2.2%にとどまるという。残りはすべて追随した者が得ているのである（Nordhaus, 2004）。

　追随者は2つの理由で有利な立場に立つことができる。第一に，イノベーション活動は博打に近い，失敗の多いものであるので，成功に至るまでに積み重ねられた失敗のコストをイノベーターは背負っている。これに対して，追随者はこのコストを負担していないことが少なくない。第二に，イノベーターが行ったイノベーションを第三者の立場から分析し，成功の因果関係を冷静に分析することができる。イノベーターが試行錯誤でイノベーションに至っている場合，なぜ成功したのか，何に顧客が価値を感じているのかについて，100%正しい因果関係を把握していない可能性がある。この欠点を補うと，イノベーターに比べて質の高い製品・サービスが展開できるのである。

　序章（0.1.2）でも述べた，携帯音楽再生機器を巡る主なイノベーションの中のアップル社の携帯音楽プレーヤー『iPod』とインターネットからの音楽配信サービス『iTunes』の組み合わせ自体は，すでにソニー社が『ネットウォークマン』で行っていたビジネスモデルである。しかし，ソニーのインターネットからの音楽配信サービスでは，音楽CDのアルバムすべてを買う必要があり，1回の購入代金が1,000円から2,000円と高いことが課題であった。アップル社

は音楽CDレーベルを説得し1曲ごとに99セント（約100円）と安く販売することとし，世界的なヒットを生み出した。

単なる海賊版や模倣品であれば，元の製品・サービスの質を超えることはまずないが，追随の場合，質の高い，顧客にとって付加価値の高いものとなる可能性があるだけに脅威である。

7.2　知的財産権制度とその主要な制度の概要

イノベーションから生み出される付加価値を保護するのに最も有効な手段が知的財産権制度の活用である。ここではそのエッセンスをまとめるとともに，代表的な制度について概要をまとめる。

7.2.1　知的財産権制度のエッセンス

(1)　創造的活動と営業上の標識を保護する複数の制度

知的財産権制度とは，創造的な活動の成果に対して一定の保護を与え，これによって創造的な活動の動機づけを与えるもの（創造的活動促進のための制度）と，ビジネスを営むうえで顧客が目印とするものを守り，ビジネス上の信用を保ち，公正な事業環境を整えるもの（営業上の標識の保護のための制度）の2つから成り立つものである。

この中には複数の制度が存在している。種類に応じて整理すると以下の通りである。すべてを列挙しているため複雑であるが，7.2.2以下で主なものについて概要を整理するので，難しさを感じた方はそちらをまず読んでいただきたい。

知的財産権制度は，保護と自由のバランスをとることで，知的な事業活動を後押ししている。創造的活動や既存の信用を強力に保護するだけでは，そのような者が圧倒的に強い立場に立ってしまい，新しく創造的活動をしようとする者や信用の積み重ねを図ろうとする者が不利になってしまうためである。具体的なバランスのとり方が次の通りである。この原則を知っていれば，知的財産権制度の理解が楽になる。

・保護期間を一定期間に限る
・保護される条件を限定する

第Ⅲ部　イノベーションの収益化とマネジメント

図表7-1　日本における知的財産権制度（創造的活動促進のための制度）

制度名	制度の概要
<u>特許権</u>	<u>新規で進歩性のある技術的アイディアを，出願から20年間（一部は25年間）保護</u>
実用新案権	新規な技術的アイディアが表れた物の形を，出願から10年間保護
<u>意匠権</u>	<u>新規な物の外形のデザインを</u>，登録から20年間保護
<u>著作権</u>	<u>文芸，学術，美術，音楽，映像，コンピュータ・プログラム等，精神的な表現物を保護</u>。保護期間は著者の死後70年（著者が法人の場合は公表から70年）（注2）
<u>育成者権</u>	新規な植物の品種を登録から25年（樹木は30年）保護
回路配置利用権	半導体集積回路の回路配置を登録から10年保護
営業秘密	顧客情報や技術情報など，秘密に管理された有用な情報を盗難や不正な持ち出しから保護
形態模倣禁止	一定の労力がかけられて生み出された物の外形のデザインを，発売から3年間保護

（注1）　国際的におおむね共通の制度については下線を引いた。国により保護期間が異なる場合は，保護期間のみ下線を引かなかった。
（注2）　環太平洋連携協定（TPP）発効前は，映画を除き50年。

図表7-2　日本における知的財産権制度（営業上の標識の保護のための制度）

制度名	制度の概要
<u>商標権</u>	<u>商品・サービスに使用する名前，マークを保護</u>。登録から10年保護するが，半永久的に更新し続けることが可能
顧客の誤認・混同を招く標識等表示の禁止	顧客に広く知られた名前，マーク，デザインを使って混同を招くことを禁止，または，顧客の誰もが知っているような名前，マーク，デザインを使うことを禁止
地理的表示	品質，社会的評価が産地と結びついている産品の名前を保護

（注）　国際的におおむね共通の制度については下線を引いた。

・登録して公表し，新たな創造的活動や信用の積み重ねを行おうとする者に情報を提供する

(2) 海外での保護を受けるための条件

イノベーションが普及する範囲は1つの国にとどまるとは限らない。しかも，製造拠点や流通の拠点がグローバル化している今，海外でのイノベーションの保護も検討されるべき重要な事項となっている。

知的財産権制度での保護は各国ごとに受けることになっている。所有権型の制度では各国で登録を行う必要が原則として存在する。ただし，特許権，意匠権，商標権については，各国で権利を取得しやすくする手続きが条約で用意されており，一定の負担緩和が図られている。ただし，それぞれの手続きを行うと費用は膨大になっていくことは避けられず，例えば特許権では数千万円近い費用がかかってしまうこともある。イノベーターは，イノベーションを実現するための費用だけでなく，イノベーションを守り，付加価値の源泉を維持し続けていくための費用も，イノベーションを起こす時点で調達しておく必要がある。

7.2.2 特許制度の概要

特許制度は，技術的アイディアを特許庁への出願から20年程度保護するものである。その条件は次の2つである。

- 新しい技術であること（多くの主要国で，世界中の文献に記載されておらず，かつ，世界のどこかですでに公になっていないことを求めている）
- 進歩的な技術であり，容易に思いつくものではないこと

この条件を満たしているかどうかが，特許庁で審査されて登録される。そのために，技術的なイノベーションを生み出したイノベーターは，技術の内容を詳細に記述した書類を特許庁に提出する必要がある。ひとたび登録されると，その特許権で守られた発明が使われた製品・サービスの製造・提供，流通を禁止することができる。

この条件や保護範囲はおおむね各国で共通しており，国際的な保護を検討するときには，制度の違いで大きく悩むことは少ない。ただし，出願は各国の指定する言語で行わなければならず，登録のために各国の特許庁に支払う費用だけでなく，技術の内容を詳細に記述した書類を翻訳する費用も必要になる。

そもそも，出願のための書類の作成には技術だけでなく，特許用の文書を作

る技術力が求められることになる。多くの場合，専門家である弁理士に依頼することになる。弁理士のための費用もあらかじめ心づもりしておく必要がある。

このように費用がかかることがネックであるが，その見返りが大きいことも特徴である。特許権の保有が企業の付加価値獲得可能性を高めることは複数の研究で確認されている（例えば，山内・長岡・大西，2016）。しかも，技術は累積的に発展していくものであり，1つの技術を特許権で押さえると，そこから発展した他社の技術から収益を得たり，他社と連携をすることができる。特にスタートアップ企業や中小企業では特許権を持っていることで，その企業の将来の収益力を表す有力なシグナルになる。スタートアップ企業を分析した研究では，特許権を持っている企業は投資を受けやすく，生き残りやすく，かつ，上場や既存企業からの買収に至りやすいことが確認されている。

登録によって公示され，各国の特許庁のデータベースから検索できるようになることには注意が必要である。詳細に技術を開示している場合，その技術の内容は競合他社に知られるところとなり，さらなる改良や迂回をされてしまう可能性がある。このため，必要に応じて特許ではなく，後述する営業秘密としての保護も検討したほうがよい。特に外部からではわからないような技術，具体的には化合物の生産技術や，クラウド・コンピューティング上での処理などは，秘匿できるのであれば無理をして特許化する必要は必ずしもない。

7.2.3　商標制度の概要

商標制度は，顧客が製品・サービスの提供元が誰であるかを認識する標識を守る制度である。この標識には，製品・サービスの名前のほか，ロゴ，ラベルも含まれる。キャッチコピーについては，造語であるか，ある企業の宣伝広告や企業理念を表すものとして理解できるかなどの条件を満たした場合に，商標として登録される対象になる。商標制度も，特許制度と同じく，主要国で制度の内容に大きな差がない。

商標登録を受けるには，どの分野の製品・サービスに関するものであるかを指定する必要がある。すでに同じ分野や似た製品・サービス分野に同じ商標や似た商標が登録されていると，登録を受けることができない。また，3年以上その商標を使っていないと，商標の取り消しを競合他社から求められる可能性

第7章　付加価値の保護

がある。

　商標権を有していると，登録した分野の製品・サービスだけでなく，その製品・サービスに役割や需要層が似た分野の製品・サービスでも，登録した商標やそれによく似た標識を使うことを禁止できる。また，刑事罰の対象であり，特に海賊版の販売のような場合，民事上の損害賠償に加えて，刑事罰も課される傾向にある。

7.2.4　意匠制度の概要

　意匠制度は，製品の外観で，新規性のあるものを15年から25年間（日本では20年間）保護するものである。国・地域によってはグラフィック・ユーザー・インターフェースに用いるアイコンや，店舗の外観なども保護している。日本や米国，韓国では特許庁による審査が行われるが，欧州や中国では登録が行われるだけで，新規な外観であったかどうかの審査は行われない。権利を裁判所で行使するときに，意匠が新規であったことを証明した書類を提出する必要がある。この他にも国による差異が多く，特許制度，商標制度と違って，国ごとに対応が必要になる。

　意匠登録を受けるためには，図面を添えて特許庁に出願する必要がある。登録されると，その意匠やそれに類似した外見を持つ製品の製造，販売，流通を禁止することができる。中国以外では製品の一部についてだけの保護を求めることができる（例えば，特定の特徴だけを保護することができる）。この場合，その一部が使われてさえいれば，その一部が使われた製品全体の販売等を止めることができる。

　意匠も特許と同じく登録され公示される。製品発売より遥か前に登録されてしまうと，未発表の新製品のデザインを公表してしまうことになる。

7.2.5　著作権制度の概要

　著作権制度は，人間の表現物，伝統的には，文芸，美術，音楽，映像を無断複製から保護する制度である。コンピュータ・プログラムも著作権で保護される。製品のデザイン（外形）についても国によっては積極的に保護される。特に欧州では積極的に保護される傾向が強い。日本でも家具のデザインの保護が

認められた裁判例が存在する。

著作権で保護されるためには特別な手続きは必要がない[1]。他人が自己の表現物に依拠したこと，また，表現が創作的であることを証明できるのであれば，著作権の行使ができる。著作権には，複製や改変を禁止する権利，譲渡・貸与や展示を禁止する権利，氏名の表示を求める権利などが含まれている。保護期間は長く，個人の著作物である場合，著作者の死後50年～70年（日本は70年），法人の著作物の場合は，公表から70年～95年または創作から120年（日本は公表から70年）保護される。

初期費用がかからないこと，また，保護期間が長いことは大きな魅力であるが，依拠したかどうか，また，表現が創作的であるか（逆に言うと，ありふれたものではないか）どうかは争いになりやすい。特にコンピュータ・プログラムやキャッチコピーなどの短い表現では，同じ着想を実現するにはこの表現しかない，というものがある。このような場合，著作権ではアイディアを保護しないという考えに立っているため，「ありふれた表現である」として保護が否定される傾向がある。

国際的に見ると著作権制度は主要国でほぼ同じ制度になっている。ただ，保護期間が異なっている。もっとも，公表から半世紀以上は少なくとも保護されるため，イノベーターにとって実務的に注意しなければならないのは，他人の権利侵害に当たらないか否かが専らである。

7.2.6 不公正な競争行為の禁止（営業秘密の保護，誤認・混同を招く標識の禁止，形態模倣の禁止）

(1) 営業秘密の保護

営業秘密の保護は，組織の中で秘密情報としてきちんと管理されているものが，従業員や第三者によって持ち出され，不正に使われることに対処する制度である。日本や米国，ドイツ，フランス，中国，韓国など先進国では広く保護が行われている。ただし，国により保護の仕方が異なっている。日本では不正競争防止法に定められている。

各国で制度が異なっているため，日本の制度についてだけ紹介しよう。日本で営業秘密としての保護を受けるためには，従業員が客観的に秘密情報である

ことを認識でき，かつ，秘密情報としての管理がなされていることが求められる。この条件を満たしていれば，不正に取得された営業秘密の使用や開示を禁止することができる。刑事罰の対象であり，10年の懲役または2,000万円以下の罰金が課される。法人であれば罰金は最高で5億円である。

　営業秘密の保護がよく問題になるものが，顧客情報，それから，技術情報である。イノベーションとの関係では技術情報が専ら議論になるため，それに絞って議論をしよう。特許制度の概要（7.2.2）で述べた通り，営業秘密は技術を保護する有力な手段の1つである。特にプロセス・イノベーションは営業秘密として保護される傾向が強い。また，農林水産業，鉱業，石油・石炭製造業，卸売・小売業では特許より技術ノウハウ化することが好まれている（渡部・平井, 2016）。

　ただ，営業秘密として保護していたとしても流出をしてしまう。日本企業に対するアンケート調査結果によると，1社当たりの技術ノウハウの流出による推定被害額は1社当たり平均32億円（平均売上1,442億円であり売上の2.2%）に上るという（渡部・平井, 2016）。実際に大きな問題になった事例が，韓国のポスコ社による新日鐵住金社の技術ノウハウのスパイ事件である。

　新日鐵住金社（当時は新日鐵社）は電力会社が使う変圧器に用いられる高級な鋼材である方向性電磁鋼板に圧倒的な強みがあった。これは同社が数十年かけて開発をして1990年代に確立したものであり，製法はノウハウとして秘匿されていた。ところが，2004年ごろからポスコ社が追い上げを行うようになってきた。しかもその後，中国の宝山鋼鉄社もシェアを伸ばしだした。

　2007年，韓国である事件が起きた。ポスコ社の元従業員が宝山鋼鉄社に方向性電磁鋼板の製造技術を不正に売り渡したとして逮捕されたのだが，このときにこの従業員が「売り渡した技術はポスコのものではなく新日鐵の技術部門の幹部から入手したものだ」と証言し，実際にその証拠が見つかったのである。新日鐵住金社から営業秘密の不正取得に対する損害賠償を求めて，日本，米国，韓国の裁判所でポスコ社を相手取った訴訟を起こした。2015年，両社は和解をし，ポスコ社は300億円を新日鐵住金社に支払った。これは営業秘密の価値の高さと，知的財産権による保護の効果を顕著に表した事例である。

(2) 誤認・混同を招く標識の禁止

　誤認・混同を招く標識の禁止は，有名な製品・サービスの名前やロゴ，デザインの顧客を引き寄せる力（顧客吸引力）を無断で利用し，収益を上げる行為を禁止するものである。公正な競争ルールを作ること，そして，消費者の利益を守ることがこの制度の存在理由である。国ごとに保護の仕方は違うが，先進国では各国で保護がなされている。日本では不正競争防止法により保護されている。

　この標識には，商標で保護対象になる製品・サービスの名称，ロゴ，デザインが含まれている。また，店舗の外観や内装を積極的に含む運用をする国もある。保護を受けるためには，その標識が広く自組織のものとして知られていることや，顧客が商品・サービスの出所について誤認をしていることの証明が必要になる。

　この禁止規定に基づいて保護を求める場合，話し合いによる解決ができなければ，訴訟で争うことになる。訴訟では顧客の間で知られていることを保護を求める側が立証する必要がある。あらかじめ適切なタイミングでアンケート調査などを行っておく必要があり，知的財産法務に力を入れ続けていることが求められる。

(3) 形態模倣の禁止

　形態模倣の禁止は，製品の外形をそのまま複製すること（デッドコピー）を禁止するものである。製品の発売から一定期間（日本では3年間），デッドコピーを禁止している。日本では不正競争防止法に規定されており，欧州，ドイツ，韓国では日本に類似した制度がある。欧州では非登録意匠制度と呼ばれている。他方，米国，中国では同様の制度はない。

　欧州での名称の「非登録意匠制度」という言葉が表すように，保護の対象も行為も意匠権と類似している。違いは登録が要らない，その一方で保護期間が短いこと，また，完全な複製を禁じているだけで，類似のものは原則として禁止できないことである。意匠登録を怠ってしまったときや，デザインの特徴上意匠登録が難しかったときの，模倣品・海賊版の排除手段として有効である。

Column

技術流出のもう1つの大きなチャネル

　退職したエンジニアを通じた技術流出もまた，技術が競合他社に流れる道の1つである。特に2000年代初頭は，韓国，台湾のメーカーが積極的にエンジニアを通じた技術獲得を行っていた。日本の家電メーカーや製鉄メーカーからエンジニアが引き抜かれたり，会社に黙って土日にアルバイトに行き技術指導をしたりするということが生じていた。分析では，特許の生産性が高い発明者や，スター技術者を支えている人などを戦略的に引き抜いていたことが明らかになっている（山内・枝村・角山・隅蔵, 2014; 藤原, 2016）。

　このようなエンジニアの中には，高い給与など好待遇の提示を受けたために異動した者もいたが，渋谷（2015）では当時不景気に苦しみリストラに乗り出した日本のメーカーへの不満と，それとは対象的な新興国メーカーの技術に対する敬意に動かされた者も少なくなかったことを描き出している。技術情報の管理には人材の中長期的な処遇のマネジメントも重要であることを物語る教訓である。

7.3　イノベーションの種類に応じた知的財産権による保護手段の選択

7.3.1　技術的なイノベーションの保護

　製品・サービスの価値を生み出す中核となっている技術（コア技術）や，製品・サービスの生産や提供を効率的にする技術（プロセス技術）は，新規な技術であるならばまず特許権での保護を検討するべきである。ただし，7.2.2で触れた通り，技術の公開をしなければならなくなるため，秘匿が可能ならば営業秘密として厳重に管理することも手である。

　厄介なのは，技術的なイノベーションのうち，さらなる改良が必要であったり，応用先が不確実である場合である。この場合，どのような将来を見越して保護を行えばよいかの判断が難しい。

　技術的に発展するかや，市場が受け入れるかが不確実なのであれば，外部の

パートナーや時には競合他社を活用して，技術を育て，広めていくという方向性もありうる。このときは，特許権を取得したうえで，パートナーや競合他社に無償か安価に使わせること（ライセンス）も戦略的な選択肢である。

仮に将来，自社では乗り越えられないが他社では乗り越えられるような壁に直面する可能性があるならば，これもまた特許権を取得しておく利点がある。最悪の場合には，特許権を売り渡してしまえばよいからである。

なお，技術的な要素が形状に現れるのであれば，意匠権で保護することも選択肢の1つとなる。流体工学や人間工学に基づいた形状などが一例である。

仮に「プラズマクラスター」技術のように技術それ自体をブランド化したいのであれば，商標権を取得することを検討したほうがよい。

ケース　TOTOほか「光触媒」

光触媒は，酸化チタンなどの一部の金属に光を当てると，触媒として（つまり金属それ自身は変化せずに）様々な反応が生まれることを利用した，応用範囲の広い基盤技術である。その技術の研究は，1967年に大学院生であった藤嶋昭氏（後に東京大学教授）が本多健一助教授（後に教授）と共同して，酸化チタンに紫外線を当てると，酸化チタンに触れている水が水素と酸素に分解される（「本多＝藤嶋効果」）という当時としては極めて新規性の高い発見を行い，『Nature』誌に論文を公開したことに始まる。この原理は，酸化チタンが光によって酸化分解を促進するためであった。

酸化チタンの光酸化効果は，特に有機物の分解に有効であり，水や空気の浄化への応用が期待された。しかしその後に進められた研究では大量の浄化処理は実現できず，半ば休眠状態になってしまった。ところが1989年に，橋本和仁講師（後に東京大学教授）がトイレのニオイや黄ばみの処理に有効ではないかと気がつき，ここからTOTOとの共同研究が始まり，転機を迎える。

共同研究の中で，酸化チタンに光が当たると表面が非常に水に馴染みやすくなる性質を発見した。これによって表面の汚れが浮いたり，ガラスで曇りの元となる水蒸気の水滴化を防ぐことができる。これを利用すれば汚れないタイルやガラスができる。基本特許は，TOTOが取得した（日本特許第

2756474号など）が，技術の応用範囲を広げるため，自動車メーカー，建材メーカー，家電メーカーに広くライセンスをし，さらなる開発を促した。この結果，効率的な光酸化についての技術開発も進歩し，水の浄化装置，抗菌作用のある建材や繊維，空気清浄機などへの応用も進んだ。

7.3.2　デザインのイノベーションの保護

　デザインとはなにかという点は第8章で詳しく述べるが，簡潔に言うと製品やサービスの見た目に関わるものとして理解していただきたい。製品の外観に関わるため，意匠権や実用新案権，そして，著作権，不公正な競争行為の規制のうち形態模倣の禁止制度で保護される。また，その外見が，製品・サービスの提供元を表すものとして認識されているのであれば，誤認・混同を招く標識の禁止制度でも保護される。外形が技術的な要素で成り立っているのであれば，特許制度での保護が有効である。

　特に意匠権での保護は外観を直接保護できるため有効である。権利範囲が狭いという難点もあるが，少なくとも模倣品・海賊版の排除に有効である。特にこれらは権利が目で見て理解しやすいものであるため，税関で模倣品・海賊版の輸入を止める場合に強力な効果を発揮する。近年の研究では，デザインのイノベーションについて高い割合で意匠登録されていることが報告されている（Yoshioka-Kobayashi, Fujimoto, & Akiike, 2018）。

　逆に追随に対しては十分な効果を発揮することは必ずしも多くない。見た目の模倣は顧客にとって印象が悪い。そうすると，元のデザインの工夫点はうまく取り込みつつも，少し変えたデザインが出てくることになる。このようなデザインには意匠権で対抗することは多くの場合難しい。顧客が誤認や混同をしたなどの事実が発生していれば，不公正な競争行為の禁止に基づいた排除を求めるなど，他の知的財産権制度を組み合わせた保護が必要である。

第Ⅲ部　イノベーションの収益化とマネジメント

> **ケース**　子村荘園社『金魚ティーパック』

　台湾の台湾茶販売店の子村荘園（CHARM VILLA）社は台湾の台北郊外と日本の京都の2か所に店舗を持つ，小規模な企業である。同社は金魚の形をしたティーパックを開発し，カップの中で金魚が泳いでいるような印象を与える製品として売り出した（なおこのような製品は，感性的な価値のイノベーションといえる。詳細は第8章をご覧いただきたい）。

　同社の製品の特徴はティーパックの独特の形にある。規模が小さな企業であるにもかかわらず，日本，米国，欧州，中国を始めとする世界各国で意匠登録を行っている。

図表7-3　子村荘園の金魚ティーパックと意匠登録例

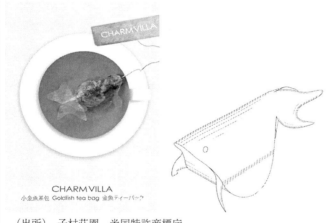

（出所）　子村荘園，米国特許商標庁

7.3.3　顧客とのコミュニケーション手段のイノベーションの保護

　第6章（事業機会の発見と選択と差別化の追求）で触れた，顧客とのコミュニケーション手段である，宣伝・広告，店舗の外観（エクステリア・デザイン），店舗の内装・什器（インテリア・デザイン）もまた，模倣や追随の対象となる。特に飲食店では，特徴的な店舗の雰囲気を持つチェーン店によく似た，別のチェーン店が後から現れることがあり，時々紛争になっている。

158

第 7 章　付加価値の保護

　宣伝・広告のメッセージやグラフィック，映像，キャラクターであれば，著作権で保護できる。7.2.5で述べた通り，宣伝用のキャッチフレーズであると，どうしても短いものになりがちである。そうすると，ありふれた表現として著作権の保護を受けられないこともある。キャラクターをはじめ，商品・サービスの提供元を表す標識として機能するのであれば，商標として登録することも選択肢となる。

　他方，店舗の外観（エクステリア・デザイン），店舗の内装・什器（インテリア・デザイン）は，意匠権での保護が選択肢となる。標識として顧客の間に広まってきたのならば，商標として登録したり，誤認・混同を招く標識の禁止を求めることも選択肢に含まれる。

ケース　「くまモン」

　第 8 章（ブランディング）で触れるが，キャラクターは顧客の目を引く手段として有効である。熊本県は，『くまモン』のキャラクターで，熊本県産の農林水産品や加工品をアピールしている。一定の手続きをとると，商標のライセンスを受けることができそれらの生産者や製造者がこのキャラクターをパッケージや宣伝に入れることができる。

図表 7 - 4　『くまモン』の中国での商標登録例：中国商標登録第G1111950号

（出所）　中国商標網

　熊本県は『くまモン』の名前とキャラクターの代表的なイラストを各国で

商標登録をしている。特に農林水産品の大きな輸出先である中国でも手厚く保護をしている。中国商標登録第10694498号では，『KUMAMON』という英文表記だけでなく，『酷MA萌』という中国で表記されうるものも登録されている。中国商標登録第G1111950号では『くまモン』のイラストを商標登録している。いずれの商標も幅広い商品領域に及んでおり，『くまモン』のキャラクターで幅広い分野の製品をアピールしていく活動を保護していることがわかる。

7.4 知的財産権制度によるイノベーションの専有の限界

　これまで，イノベーションを知的財産権制度を使って模倣や追随から守る方法を議論してきた。ただ，知的財産権制度を使えば万全かというと決してそうではない。最も強力な知的財産権として理解されている特許権ですら，技術的イノベーションの4割程度しか守ることができない (Cohen et al., 2002)。専門的には知的財産権の専有可能性には限界がある，ということが知られている。なぜならば，競合他社はイノベーションから学び，新たなイノベーションを起こすからである。これをまた専門的にいうと，スピルオーバーにより新たなイノベーションが誘発されるのである。時間が経つと，差別化要素の保護の価値が損なわれていく。

　新たなイノベーションが誘発される要因は主に2つあると考えられる。第一に，イノベーションが起きたことにより，新たな価値創出の因果関係が明らかになり，その因果関係に追随し，それを改良する機会が得られるからである。第二に，イノベーションがイノベーターに専有されたことで，競合他社はその市場機会を取り返そうとして，なんとかして知的財産権による保護を迂回する方法を探したくなるためである。

　結局のところ，知的財産権制度による保護も長期間の収益を保証するわけではない。先行者としての利益を得られる期間を一時的に伸ばしてくれるものと捉えたほうがよい。次章に挙げるブランディングも合わせて考える必要があるし，絶え間ないイノベーションの創出も重要である。

●注

1　例外的に米国内で生み出された著作物の著作権に基づいて，米国内で裁判所に訴える場合は，著作権を政府に登録する必要がある。

■参考文献

（日本語文献）

井上達彦（2017）．『模倣の経営学 実践プログラム版 NEW COMBINATIONS 模倣を創造に変えるイノベーションの王道』日経BP社．

鮫島正洋・小林誠（2016）．『知財戦略のススメ』日経BP社．

渋谷高弘（2015）．『中韓産業スパイ』日本経済新聞社．

田中辰雄（2011）．「ネット上の著作権保護強化は必要か―アニメ動画配信を事例として」経済産業研究所，RIETIディスカッションペーパー No.11-J(10)．

藤原綾乃（2016）．『技術流出の構図：エンジニアたちは世界へとどう動いたか』白桃書房．

丸島儀一（2011）．『知的財産戦略』ダイヤモンド社．

山内勇・枝村一磨・角山史明・隅藏康一（2014）．「日本人発明者の移動と技術流出リスク ―韓国企業の人材活用モデル―」『日本知財学会誌』11(2)，47-65．

山内勇・長岡貞男・大西宏一郎（2016）．「企業パフォーマンスと知的財産権の貢献に関する調査」一般財団法人知的財産研究所『平成27年度 我が国の知的財産制度が経済に果たす役割に関する調査報告書』3-48．

渡部俊也・平井祐理（2016）．「日本企業の技術ノウハウの保有状況と流出実態に関する質問票調査」経済産業研究所，RIETI Discussion Paper Series 16-J-014．

渡部俊也（2012）．『イノベーターの知財マネジメント 「技術の生まれる瞬間」から「オープンイノベーションの収益化」まで』白桃書房．

（翻訳文献）

オーデッド・シェンカー（著）＝井上達彦＝遠藤真美（訳）（2013）．『コピーキャット―模倣者こそがイノベーションを起こす』東洋経済新報社．

（英語文献）

Cohen, W. M., Goto, A., Nagata, A., Nelson, R. R., & Walsh, J. P. (2002). R&D spillovers, patents and the incentives to innovate in Japan and the United States. Research policy, 31(8-9), 1349-1367.

Dang, J., & Motohashi, K. (2015). Patent statistics: A good indicator for innovation in China? Patent subsidy program impacts on patent quality. *China Economic Review*, 35, 137-155.

Frontier Economics, (2016). *The economic costs of counterfeiting and piracy*. https://cdn.iccwbo.org/content/uploads/sites/3/2017/02/ICC-BASCAP-Frontierreport-2016.pdf

van der Ende, M., Poort, J., Haffner, R., de Bas, P., Yagafarova, A., Rohlfs, S., van Til, H., (2017). *Estimating displacement rates of copyrighted content in the EU.* Luxenbourg: European Commission.

Nordhaus, W. D. (2004). Schumpeterian profits in the American economy: Theory and measurement. *NBER Working Paper No. 10433*, National Bureau of Economic Research.

Yoshioka-Kobayashi, T., Fujimoto, T., & Akiike, A. (2018). The validity of industrial design registrations and design patents as a measurement of "good" product design: A comparative empirical analysis. *World Patent Information, 53*, 14-23.

第 8 章

ブランディング

> 本章で学ぶ内容
> - 付加価値を長期的に維持するには，前の章で触れた知的財産権以外にどのような手段があるのだろうか？
> - 感性的な価値はイノベーションにどのように役立つのだろうか？

　知的財産権を使う以外に付加価値を長期的に維持するもう1つの手段が，ブランド化することである。「あの商品はブランド品だ」「あの会社はブランド力がある」という言葉は，日常よく使われている。「ブランド」とはいったいどういうものなのだろうか。そしてイノベーションではどのようなことが大事になってくるのだろうか。

　ブランドに関わる重要な要素としてデザインが挙げられる。「デザインが良い製品だ」という言葉もまたよく聞くが，実は人によって製品・サービスの違う側面を見ている可能性がある。

　本章ではブランド，デザインという感性的な価値に焦点を当て，イノベーションとの関係を考えていく。

8.1 「ブランド」とはなにか？　どう使えるのか？

8.1.1　ブランドの定義

(1)　ブランドとは

　ブランドというと『Louis Vuitton（ルイ・ヴィトン）』『Hermes（エルメ

ス)』『GUCCI（グッチ）』といった高級なアパレル・宝飾品の企業や製品を思い浮かべるかもしれない。これはブランドという言葉のごく一面を捉えているにとどまる。

　ブランドをどう定義するかについては様々な議論があるが，「交換の対象としての商品・企業・組織に対して顧客がもちうる認知システムとその知識」（田中，2017: p.8）という定義は，ブランドの本質を的確に捉えており，本書でもこの定義に従う。「ブランド」という言葉が多義的であることを反映した定義であるため，一見するとわかりにくいものになってしまっているので，少し解説をしよう。

　まず，「交換の対象としての商品・企業・組織」の部分は，人が対価を払うすべての商品・サービス，そして，それを提供する組織が対象であることを指している。「顧客がもちうる」の部分は，商品・サービスの提供者が一方的に作ることができるものではなく，顧客が主体的な役割を果たすことを表している。「認知システムとその知識」とは，ブランドが製品・サービスを認識させるだけでなく，製品・サービスに対する感情を呼び起こすこと，製品・サービスから何かを想像させることを含んでいることを表している。

　簡潔にまとめると，ブランドとは次のすべてを満たすものである。
- 製品・サービス，組織が対象になる
- 顧客が作り出すものである
- 製品・サービス・組織を認識させるだけでなく，感情を生み出し想像させる役割を果たす

(2) ブランドが持つ価値

　ブランドがどういった価値を持っているのかについて，製品・サービスの名前を例にとって考えてみよう。

　「ブランド」のもともとの意味は「焼印」であり，その製品やサービスが誰から提供されたのかを表す。第7章で概観した商標と同じ意味である。これによって信頼できる人・組織が出自であるのかが容易に認識されるようになる。

　出自との結びつきがいつか弱くなり，名前そのものがもっぱら広く知られるようになることもある。『キットカット』，『プリングルス』と聞くと，すぐに

製品を思い浮かべることができると思われるが，ではその製造・販売元はどこだろうか？と聞かれてすぐに答えられる人はどうやら多くないようである。『キットカット』の製造・販売元は，『ネスカフェ』や『ネスプレッソ』を展開するスイスのネスレ社であり，『プリングルス』の製造・販売元は，洗剤で知られる米国のP&G（プロクター・アンド・ギャンブル）社である。ネスレ社やP&D社の製品であることを知らなくても『キットカット』『プリングルス』という名前があることで消費者は製品を信頼できるようになる。

製品名が顧客に知られるようになることのもう1つの利点は，店頭や市場で探してもらいやすくなる点にある。さらに，その製品やサービスを新しいものに変えたときや，関連する製品やサービスを新たに始めたときに，前の製品やサービスと同じような信頼性や価値を提供してくれるのではないかという期待を顧客に与えることもできる（詳細は8.1.3(2)）。

「その製品・サービスがどこから提供されたものか」ということを表す機能が根幹にあるが，それが広く普及し，顧客に浸透していくと，「強いブランド」になる。「強いブランド」は上述の製品・サービスに対する信頼や期待，さらには，注目を作り出すのである。

(3) ブランドの対象とブランドが宿る先

製品・サービスの名前がブランドになった例を取り上げてきたが，ブランドは製品・サービス以外にも生まれるし，ブランドそのものは名前以外のものにも宿る。

製品・サービスの種類を超えたブランドもある。一例が『無印良品』である。収納家具から，キッチン用品，食品，衣料だけでなく，ホテル事業も『無印良品』の名で展開されている。すべて『無駄を省いて，シンプル』という共通の価値に沿っている。

企業そのものも「ブランド」になる。ブランド戦略のコンサルティングを行うInterbrand社は，毎年世界の企業のブランドランキングを公開している。これは，同社が財務情報と独自に収集したブランド力に関するデータを組み合わせて，ブランドが寄与している売上とブランドの安定性・強さを基にブランドの価値を金銭的価値として計算しているものである。これによると，ブランド

第Ⅲ部 イノベーションの収益化とマネジメント

図表 8 - 1　世界のブランド価値でみた企業ランキング

	2000年	2009年	2018年
1位	Coca-Cola(725億ドル)	Apple （983億ドル）	Apple （2,145億ドル）
2位	Microsoft(702億ドル)	Google （933億ドル）	Google （1,555億ドル）
3位	IBM （532億ドル）	Coca-Cola(792億ドル)	Amazon(1,008億ドル)
4位	Intel （390億ドル）	IBM （788億ドル）	Microsoft(927億ドル)
5位	Nokia （358億ドル）	Microsoft(595億ドル)	Coca-Cola(663億ドル)

（注）　括弧内はブランド価値
（出所）　Interbrand Webサイト

価値がますます高まっていることがわかる。

　ブランドとして顧客に浸透していく手がかり，すなわち，ブランドが宿る対象は商品・サービスの名前，企業名，あるいはそのロゴが多いが，これ以外のものにもブランドは宿りうる。

　製品のデザインや，製品のパッケージにもまた，ブランドが宿る。図表8－2のトースターをどこかで見たことがないだろうか。これは英国のキッチン家

図表 8 - 2　製品デザインにブランドが宿っている例：ラッセル・ホブズのクラシックトースター

（出所）　グッドデザイン賞 Webサイト

電メーカーであるラッセル・ホブズ（Russel Hobbs）社から1980年代に発売されたトースターであり，2018年までに世界で100万台の販売実績があるロングセラー商品である。世界中の誰もが知っているというものではないが，多くの人にとってどこかで見たことがあるという思いをもたせ，キッチン家電にこだわりがある人には有名な商品の１つになっている。この製品は，製品名でも企業名でもなく，この製品のデザイン（外観）が認知されている点に特徴がある。

　パッケージデザインでブランドとなったものの例は多数あるが，世界で最も有名で，そのために高いブランド価値を企業として持つこととなったのが，コカ・コーラ社のコカ・コーラのボトルである。古くはガラス瓶のボトルの形状で知られていたが，近年はそのガラス瓶の形状を引き継いだペットボトルの形状が，そのボトルの形だけで『コカ・コーラ』であると思い起こさせるものになっている。実際に図表８－３を見ていただくとわかると思うが，ラベルが貼られていないのに，『コカ・コーラ』を思い起こされたのではないだろうか。

図表８－３　パッケージデザインにブランドが宿っている例：コカ・コーラのボトル

（出所）　商標登録第5225619号

　顧客とのコミュニケーションの手段である，宣伝・広告の手段にもブランドが宿りうる。スローガンやキャラクターがその典型的な例である。世界中で記憶に残った著名なスローガンが，宝飾品メーカーのデビアス社の「ダイヤモンドは永遠に（A Diamond is Forever)」である。1948年に採用され，以降使い

続けられ，世界最高の企業スローガンの1つと言われるようになった。マクドナルド社の「I'm lovin' it」も同様に広く知られているスローガンである。キャラクターでは，マクドナルド社の『ドナルド・マクドナルド』や，1950年から使い続けられている不二家の『ペコちゃん』が良い例である。

事例は多くないが，技術がブランドとなる場合もある。シャープ社の「プラズマクラスター」が良い事例である。プラズマクラスター技術を使った空気清浄機，空調，扇風機，冷蔵庫を展開し，成功を収めた。食品分野でも機能性をブランドの中心に据えて展開している製品が増えている。

8.1.2 ブランド創出のための戦略と実行

ブランドを生み出すことは実は簡単なものではない。特に様々な効果を生むような強いブランドになるものは限られている。ブランドの定義で顧客との関係が強調されている通り，ブランドを生み出し，広げ，維持していくためには，ブランドとして顧客に認知され，かつ，そのブランドから何かの価値を連想されるようになることが求められる。

そのためには次の4つの戦略が重要になる。これらの戦略は個別に検討されるべきではなく，ブランドが顧客に与える価値の一貫性を保つことができるように統合的に考えられなければならない。

・製品戦略
・価格戦略
・販売・提供のチャネル戦略
・マーケティング・コミュニケーション戦略

(1) 製品戦略

製品戦略とは，そもそもの製品・サービスをどのような顧客を対象にするのか，どのような場面を対象にするのか，そしてどのような価値を提供するのかを明確にしたうえで，顧客とその製品・サービスの関係を十分に想像したうえで製品・サービスを設計することを意味している。

例えば，「一人暮らしをする人のために，家庭で食事をするような感覚で，栄養バランスのよい食事を提供する」という価値を主眼においたレストラン事

業を営むとしよう。提供している料理はすべて家庭を感じさせるような，華やかさはないけれど，親しみやすく，毎日食べても飽きないようなものであったとする。このとき，注文をタブレットコンピュータを使って受け付けることにしてしまうと，そもそもの価値と整合していないことになってしまう。家庭で食事をするときに，家族にタブレットコンピュータを通じて会話することはあまり想像できないからである。

　企業レベルのブランドを創るときには，製品・サービスの組み合わせはどうするべきか，ということも合わせて考えることが必要になる。

(2) **価格戦略**

　価格戦略とは，その価値や製品・サービスのメッセージに見合い，かつ，顧客の数と顧客から得られる利益を最大化できる価格を選ぶことをいう。特に重要になるのは，高級，信頼できる，特別である，というメッセージをブランドが有している場合である。この場合，低価格帯の製品・サービスを提供したり，一時的なセールスとして低価格にしてしまうと，ブランドが顧客と行ってきた約束が破られたことになってしまい，これまでのブランドを作ってきた顧客が去ってしまう可能性が出てくる。

　製品・サービスの持つメッセージを変えたいときに，価格を積極的に変えることが成功につながることが見受けられている。成功例の1つが，長崎料理をチェーン店で展開するレストランの『リンガーハット』である。同社は2009年にリーマンショックによる景気悪化で客足が減ったときに，思い切って値上げをし，その代わりに野菜の量を増やし，かつ，野菜をすべて国産品に切り替えた。これによって同社の料理は『健康』『安全』というメッセージを伝える方向に切り替わり，やや高めの価格設定がそのメッセージへの信憑性を与えたのである。

(3) **販売・提供のチャネル戦略**

　販売・提供のチャネル戦略とは，どこで，何を通じて売るか，を指している。同じものを売っているとしても，どこで売るかで顧客への訴求が大きく変わるためである。

成功例の1つが，駅の構内（駅ナカ）にあるジューススタンドである。首都圏，そして，関西に多く見られる店が，『ハニーズバー』と『ジューサーバー』である。いずれの店も，果物を混ぜ合わせたミックスジュースが特徴である。『ジューサーバー』は，もともとは京都と大阪で鉄道事業を営む京阪電車が，自社の駅構内の活性化を狙って2000年に始めたものだった。関西圏で懐かしい味として親しまれているミックスジュースを核に，当初は自社の鉄道駅で展開していたが，2003年から関東の駅にも進出をしている。『ハニーズバー』はJR東日本の子会社であるが，元は『ジューサーバー』のブランドのライセンス（8.1.3(1)参照）を受けていた。

　100円から300円の単価しか取ることができないジュースで採算をとることは通常は難しい。街中でジューススタンドを営む店は確かに存在するが，人が集まる限られた場所が専らである。駅であれば鉄道を待つ10分の間を有効に使うことができる。駅という販売のチャネルをうまく活かした事業の例といえるだろう。特定の顧客層に愛着を持ってもらえると，ミックスジュースを飲む場所としてのブランドを作ることができるかもしれない。

図表8－4　販売チャネル選択の好事例：『ジューサーバー』

（出所）　京阪レストラン

(4) マーケティング・コミュニケーション戦略

　マーケティング・コミュニケーション戦略とは，どのような形で商品・サービスの存在や，その価値を顧客に届けるかを意味する。詳細はすでに第7章で

扱ったため，細かくは論じないが，ここではマーケティング・ミックスが重要になることは改めて確認しておきたい。

マーケティング・コミュニケーションについては，製品・サービスのもともとの提供者だけでなく，流通・仲介者によっても提供されうることは無視できない。ときには，もともとの提供者が気がついていない価値への気付きを与えることもある。

好事例が，テレビ通信販売で知られたジャパネットたかた社によるボイスレコーダーのマーケティング・コミュニケーションである。ボイスレコーダーは，学生やビジネスパーソンが講義や会議の記録をとるために用いることを前提に宣伝され，販売されている。ところが，ジャパネットたかた社は，これを子育て中の親や高齢者に売ることに成功した。仕事等で忙しい父親・母親が子供にボイスレコーダーでメッセージを残し，コミュニケーションをとることに使えるという価値や，高齢者がメモを紙ではなく音声で残すことで，ペンや紙を持ち歩く必要がなくなるという価値を強調したのである。特に手にしびれの出てしまった高齢者にとっては，この使い方は大きな価値を持つ。高齢者を助ける製品としてのブランドを形成するきっかけになりうる。

8.1.3　既存のブランドを使ったブランドの生み出し方・広げ方

ブランドは一から作り上げるだけでなく，既存のブランドを使って生み出して行くやり方もある。

(1)　ブランドのライセンス

出自を超えてブランドが宿る先そのものに信頼が生まれる性質を使うと，異なる製造元同士でブランドを共有することができる。

その成功例が，第8章で触れた熊本県産の製品であることを表す『くまモン』である。熊本県に関わる製品や農水畜産品であれば，手続きを経て『くまモン』のキャラクターを使うことが許されている。くまモンのキャラクターを使うことで，熊本県のものであることがすぐに伝わり，しかも『くまモン』自体が目を引くブランドとして認知されているため，個々のメーカーや生産者・水産事業者が個別に宣伝活動を行う必要が少なくなり，広告・宣伝の費用が抑

えられる。

(2) ブランドの拡張

新しい製品・サービスを展開するとき，すでに自組織に培われた別の製品・サービス分野のブランドを利用して，顧客に認知されやすくし，また，同じ価値観に沿っていることを伝えることができる（アーカー，1998）[1]。

『無印良品』はブランド拡張による成功と失敗を両方経験している良い事例である。『これでいい』をメッセージにし，シンプルで無駄がなく，しかし，愛着を持つことができるデザインの製品を展開する同ブランドは，衣料，家具，生活雑貨，食品に幅広く展開してきた。店舗に立つとわかるように，『無印良品』の製品は『無印』らしさが現れている。もともとは無駄を省く代わりに安価な製品を展開するために立ち上げられた，スーパーマーケットのプライベート・ブランドであったが，2000年ごろには生活全般に関わる領域のブランドとなった。2000年以降も家電に進出し，さらに2018年にはホテル事業にも参入した。いずれも，『無印良品』としてのブランドを活かし，シンプルで無駄がない，高品質な製品・サービスであると受け止められることによって一定の成功を収めている。

他方で，複数の失敗も経験している。2001年に，日産自動車社と組んで1,000台限定の『MujiCar1000』と呼ばれる軽自動車を展開したときのことである。自動車は生活に密着したものであり，無印良品の製品が提供する価値と共通点がある。そこで，無駄を省き，かつ，高品質な軽自動車を展開したのだが，わずか170台が売れただけだった。

8.2 イノベーションとブランド

8.2.1 イノベーションの種類に応じたブランド戦略と既存ブランドとの関係が生む罠

では，イノベーションの関係では何が重要になってくるのだろうか。ここではイノベーションの種類ごとにどのような戦略があり，それらにはどのような

罠があるかを考えていきたい。ここではプロダクト・イノベーションの中でも新製品・サービスを生み出した場合と，その他のイノベーション，主にプロセス・イノベーションに分けて論じる。なぜならば，新しい製品・サービスの場合，顧客の間に知られておらずブランドの構築そのものが問題になるが，それ以外の場合は既存のブランドとの関係が専ら問題になるためである。

8.2.2 新しい製品・サービスを生み出したときのブランド戦略と罠

(1) 基本戦術としての製品・サービス，価格，チャネル，コミュニケーションの統合

新しい製品・サービスを生み出した場合に最も重要になることが，8.1.2で述べた，製品・サービス戦略，価格戦略，チャネル戦略，コミュニケーション戦略の統合である。とりわけ，全く新しく，市場で受け入れられていないような価値を提供する場合には，どのように顧客が価値を感じ取るかがあらかじめ先読みできない場合が少なくない。

序章（0.1.2）で触れたモバイル送金サービスで広く使われているQRコードは，想定外の使われ方が広がった一例である。もともとは物流の現場で物の管理に用いていたバーコードでは，収録できる情報量が不足して，管理に十分に利用できないという課題を解決するために開発されたものだった。開発したのは，自動車部品メーカーのデンソー社である。広く産業界で使われるよう，規格としてオープン化し，実際，航空券，入場券など幅広く使われるようになったが，金融分野での用途は想定外であったようである。

(2) ブランド拡張とその罠

既存のブランドを活かすことで，新製品・サービスが受け入れてもらいやすくなる。そもそも，知られているブランドであれば手にとってもらいやすくなる。また，既存のブランドの製品・サービスと同じような価値を提供しているものであると受け止められるため，新たな価値そのものが伝わりやすくなる。ひいては広告・宣伝をたくさん行う必要がなくなり，コストのカットにもつながる。

流通との関係でも重要である。既存の流通経路が使いやすくなる。流通事業

者から見ると，既存のブランドと同じような売上が期待できるのではないかと受け止めることができ，積極的にその製品・サービスに関わりたくなる。そうでなければ，一からその製品・サービスの可能性を検討する必要があり，積極的な関与を嫌ってしまうかもしれない。

しかも，既存のブランドを活用することで，その使ったブランド自体にも良い効果がある。まず，ブランドの意味がより明確になり，ブランドの価値が広く共有されやすくなる。既存のブランドがやや廃れている状況であるならば，その活性化にもつながる（ケラー, 2000）。

ところがリスクも伴う。新製品・サービスの価値が既存のブランドの持つメッセージと異なるものであった場合，顧客の失望を招き，また，流通からは反発を受けることになる。これは高級な製品・サービスを展開している企業が，低価格帯の製品・サービスに手を広げたときに起きがちである。

ブランドの拡張が一見成功した場合にも落とし穴がある。同じような価値を提供しているために，既存のブランドとの共食いも起こしうる。さらに，新たな製品・サービスの持つごく小さな側面が既存のブランドとの不整合があるような場合，それが既存のブランドのイメージを蝕んでいくこともある。

8.2.3　既存の製品・サービス自体やその製造・流通手法を改良したときのブランド戦略

既存の製品・サービスの製造・流通方法を変えたときには，ブランド戦略そのものを変更する必要が生じるとは限らない。ただし，製造・流通方法の変化により顧客の受け止めが変わるとき，それから，製品・サービスの信頼に影響を与える不具合が起こる可能性があるときには注意が必要である。具体的な失敗事例を見てみよう。

> **ケース**　製造・流通方法の変化により顧客の受け止めが変わった例
>
> 　製造・流通方法の変化により顧客の受け止めが変わった例が，ある老舗の和菓子屋の事例である。この和菓子屋は180年を超える長い歴史を持つ店だった。1900年代初頭に独自の味の和菓子を開発したうえで「日本一高い

日本一うまい」という特徴的なキャッチコピーで評判となった。

　首都圏の百貨店でだけ販売し，東京の銘菓という評判を獲得した。1990年初頭には売上のピークを迎えた。ところが，このころから百貨店の客数が減り始めた。しかも，バブル景気のさなかに工場を増改築し，財務体質が悪化した。このような状態を打開すべく，同社は首都圏以外の百貨店に進出した。

　これが失敗の原因の１つであったとの指摘がなされている。首都圏でしか手に入らないからこそ，東京のお土産としての価値や希少性があったのである。ブランドの価値を損なう形となり，この和菓子屋の売上は下がり，高価格帯の菓子が売れなくなっていった。首都圏以外に商品を展開するために和菓子が長持ちするようにしたことで，日持ちしないことに価値を感じていた顧客が離れてしまったのではないかとの指摘もされている。

　結局，この和菓子屋は2018年に経営破綻をし，創業一家の手から離れて再建をすることになった。商品の性質と販路，そして価格が一体となってブランドができていたところ，このバランスを変えたことは命取りになってしまったようである。

8.3　マーケティング，ブランディングの手段としてのデザイン

8.3.1　デザインの定義とデザインが重要な理由

　マーケティングやブランディングにおいて重要な役割を果たすのがデザインである。「デザイン」の語が非常に多義的であり，商品・サービスの持つ価値そのものも「デザイン」で表されうるため，ここでは，製品の見た目やサービスの提供に用いられる物や場を構成する施設・設備の見た目としてやや狭く捉えておこう。

　見た目のデザインが重要な理由は，「百聞は一見にしかず」という言葉で言い尽くされている。差異化されたデザインであれば，製品・サービスの認知を高める。例えば，製品が目立つ色，目立つ形状をしていれば，それだけで売場

第Ⅲ部　イノベーションの収益化とマネジメント

図表 8-5　グッドデザイン賞受賞製品におけるデザイン導入の効果（プラスの効果ありと答えた回答者の比率）

（有効回答数37）
（出所）　財団法人産業研究所・株式会社日本総合研究所（2006）

で目を引くだろう。それだけではない。形や色を通じて，製品・サービスを通じて得られる感情を伝えることができる。特にパッケージデザインは重要な媒体である。

　ブランディングの手段として重要な理由も同様である。すでにブランドが宿る先で述べた通り，デザインにもブランドが宿る。デザインそのものがメッセージを作り，ブランドづくりの製品戦略の一部になるのである。実際，優れたデザインを持つ商品を表彰する『グッドデザイン賞』を受賞した企業に対して，どのような効果があったかをたずねたアンケート調査[2]によると，企業のイメージの向上につながった，企業・商品のブランドの構築につながったとの回答が多数を占めた。ただし，同調査によると価格を上げることに寄与したという回答は40%にとどまっている。

8.3.2　デザインの役割

　このようにデザインがマーケティング，ブランディングに有効であるとわ

かっても，デザインが何を伝えるのかを理解しなければ，どのようなデザインを活用してマーケティング，ブランディングを行っていけばよいかがわからない。

近年の研究では，製品のデザインを通じて消費者が何を読み取るかについて解明がなされている。様々なマーケティング研究の成果を総合的に分析したHomburg, Schwemmle, & Kuehnl（2015）は，「美観」「機能性」「象徴性」の3つの切り口に整理できるとしている。

美観とは，外観が生み出す主観的な感情であり，格好良さや周囲との調和などが含まれている。主観的なものである以上，ある人の心には全く響かない一方で，別の人には強く響く，というようなことがある。

機能性とは，製品に期待される役割についての感情である。デザインというと機能性とは関わりがないという意見もあるだろうが，実際には不可分なものである。例えば，高級なオフィス用の椅子は人間工学に基づいて，疲れにくく，腰に負担の少ない形状になっている。外形がそのまま機能性を発揮している例である。

最後に，象徴性はそのデザインの製品を持っていることが社会的なステータスになったり，その製品を通じて自身の価値観を伝えるという感情を呼び起こすものである。いわゆるラグジュアリーブランドの製品デザインは，高級感を与え，「私は特別な人である」という思いを持たせるようなものになっている。象徴性はこのような高級感だけにとどまるものではない。例えば「環境配慮をしているということをアピールする」とか「イノベーションに対する感覚が鋭いことをアピールする」など，様々なメッセージを伝えうる。

これらの切り口はそれぞれ製品の中で大小があるが，優れたデザインの製品は3つがバランスよく成り立っていることが多いようである。

8.3.3　近年のデザインの価値の高まり

経済が発展し，人々が感じる不便の多くは解消されつつある。何らかの機能に対する欲求はおおよそ満たされるようになっており，感性的な価値が重要になってきていることが指摘されている（延岡, 2005）。実際，読者の皆さんが良い製品・サービスだと思うものを挙げてみると，デザインの3つの役割がまん

第Ⅲ部　イノベーションの収益化とマネジメント

図表8-6　イギリスの産業が生み出した価値のうち，デザイン活動によるものの割合と価値の成長率

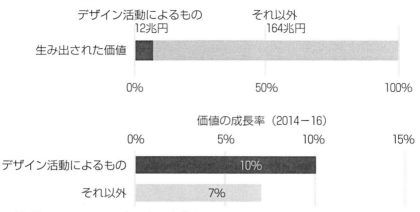

（出所）Design Council（2018）より作成

べんなく満たされていることが多いのではないだろうか。

　英国政府の調査では，デザインに関する技能を持つ者が行っている活動により産業に生み出された価値が2016年で12兆円と，全体の7％に上っていると推計されている。しかも2014年に比べると，その成長率は10％と，他の活動により生み出された価値の成長率の平均である7％よりも高いものとなっている（Design Council, 2018）。

　このようなデザインを企業レベルのブランディングに活かすことに成功した例が，韓国のサムスン電子社であろう。1969年に創業した同社は，1990年代までは安価な電子製品メーカーとして認識されていた。1993年に当時の会長がデザインに注力すると宣言をし，1996年にはデザイナーを増員し，海外にデザインセンターを設置し，そのうえでデザイン部門の権限を強化した。このようなリーダーシップに基づく改革を行った結果，2000年代には世界のデザイン賞を常に受賞する企業に生まれ変わり，現在ではデザイン力のある世界的な企業の1つとして認識されるに至っている。

8.4 イノベーションとデザイン

8.4.1 デザインによるプロダクト・イノベーション

　8.3.2で示したデザインの役割を構成する3つの切り口は，製品・サービスが持つ価値そのものである。創造的なデザインは，創造的な成果を持つ製品・サービスを新たに投入することにほかならず，イノベーション，特にプロダクト・イノベーションの定義に合致する。

　もちろん，序章で示したように，イノベーションを仮に技術革新とするならば，デザインの役割の中でも美観や象徴性のみに偏ったものは技術革新としてのイノベーションとはなりえない。しかし，8.3.3で述べたように，感性的な価値の比重はますます高まっている。美観，象徴性を起点としたプロダクト・イノベーションに積極的に注目していくべきである。

　デザインによるプロダクト・イノベーションの例としては，序章で触れた無印良品の製品やダイソンの羽なし扇風機などがある。また，毎年発表されるグッドデザイン賞の受賞製品にもデザインのイノベーションは多い。

8.4.2 デザインによるマーケティングのイノベーション

　製品のデザインが製品を差異化し，注目を集めるのに役立ち，また，製品が持つメッセージを伝えるのに寄与することはすでに述べた（8.3.1）。この場合，製品・サービスの開発段階でのマーケティングが重要になる。

　パッケージデザインや店舗のデザイン，サービス時に用いる什器・道具はその主たる手段である。パッケージデザインは，店舗での顧客との最初の接点となる極めて有効なコミュニケーション手段である。場合によっては顧客が気がついていない価値をパッケージデザインを通じて伝えることができる。日経デザインの調査によると優れたパッケージデザインは顧客の支払い意思額を数％から10％程度増やす効果がある。

　店舗のデザインもまた重要である。スターバックスコーヒーの店舗は，コーヒーを飲み，ゆっくりくつろぐことを重視した店舗デザインを採っており，世

第Ⅲ部 イノベーションの収益化とマネジメント

界的に利用される理由になっている。アップル社の専門店であるアップルストアやナイキ社の専門店はそれぞれ製品の価値を体感できる作りになっており，店舗の什器にも独特のこだわり，言い換えると，アップルらしさやナイキらしさがある。

| ケース | 明治『明治ザ・チョコレート』[3] |

図表 8-7　明治『明治ザ・チョコレート』

（出所）　明治

　2014年に発売を開始した，味にこだわりを持った高価格帯のチョコレートである明治の『明治ザ・チョコレート』は，「花香」「果実香」「ビター感」「甘味」「ミルク感」「酸味」「ナッツ感」という味わいの分類を強調し，大人向けのチョコレートとして広く支持を受けた商品になった。もともと，このような大人向けの，こだわりを持ったチョコレート自体の商品化は同社内で何度も取り組まれていたのだが，30年近く失敗続きであった。

　従来のチョコレートの包装は，中身が見えるようなチョコレートの写真と，味や特徴を強調する情報が盛り込まれているものが一般的であった。しかし，この製品では，チョコレートが見えず，パッケージ中央のカカオのマークがかろうじてチョコレートであることを暗示しているだけにとどまっている。味と香りごとにパッケージデザインのテーマカラーを変えていることも特徴である。カカオのマークには箔押しがされており，中のチョコレートの包装紙にも質感をもたせ高級感を出している。しかもその包装紙も，箱の内側も，味と香りを象徴する色で模様が描かれており，このデザインも楽しむことができる仕掛けがある。

　このパッケージデザインはあまりに従来のものとかけ離れていたため，同社内では反対もあった。しかし，ターゲット世代として設定した50代の女性

にアンケートを行ったところ，非常に好意的な反応があり，製品化をすることができた。この独自のパッケージは，パッケージデザインそのものが注目されるきっかけとなった。このパッケージを使ってオフィスの机を飾ることも行われた。

8.4.3　イノベーションを伝えるためのデザイン

すでにデザインの役割は「百聞は一見にしかず」と述べた通り，デザインは製品・サービスの価値をわかりやすく顧客に伝えるのに大いに役立つ。特に，技術的なイノベーションは，デザインがその価値を伝える一番の手段であることがわかっている。逆に言うと，技術的な価値はいくらカタログや宣伝，ウェブサイトを通じて論理的に説明しても通じにくく，直感的なわかりやすさが求められることを物語っている。2000年代から2010年代の初めまで日本の製品は「技術で勝って事業で負ける」状況にあったが，その要因は技術の価値をデザインで十分に伝えられていなかったからかもしれない。

> **ケース**　ダイソン社・サイクロンクリーナー
>
> 技術的なイノベーションをデザインが端的に伝えた事例が，ダイソン社のサイクロンクリーナーである。産業用の遠心分離機に着想を得て開発され，1990年に最初にダイソン社のブランドで販売されたこの掃除機は，竜巻のような空気の渦を作り，塵や埃を固めることで，紙パックを使うことなく，しかも，フィルターの目詰まりが防げるために吸引力が落ちにくいという利点を持つ。
>
> しかし，そのような価値はなかなか伝わりにくい。これを伝えたのが，筐体の一部を半透明にした外観のデザインだった。本来，掃除機の中のゴミ，塵を見せるというのは，考えにくい発想である。しかし，あえてゴミがどのように筐体の中で集まっていくかを見せることによって，サイクロン・クリーナーの特徴がわかるようになっている。
>
> サイクロン・クリーナーは確かに吸引力は落ちにくいが，吸引力がやや低

くなることが欠点であった。論理的な説明では，むしろ価値が高くないと思われていたかもしれない。

図表 8 - 8　Dysonサイクロンクリーナー『DC01』

（出所）　Dyson

8.4.4　イノベーションのためのデザイン活動

　近年では，デザイン活動を行うことがイノベーションにつながる道であることもわかってきている。特にデザイン活動を製品開発の下流，つまり，製品開発の最終段階に置くのではなく，コンセプトづくりの段階から行うことで，革新的な製品・サービスが生まれやすくなることが強調されている。デザイン思考やデザイン・ドリブン・イノベーションもまた，デザイナーが行っている活動をイノベーションの創出に利用するものである。

　これは，デザイン活動の本質が，イノベーションの創出に必要な要素を兼ね揃えているためである。ド・モゾダら（2010）の整理によると，デザイン活動は次の4つの要素からなる。

・問題解決
・創造
・体系化（ニーズを概念化する）
・統合（異なる専門化の統合）

顕在化しているニーズにせよ，潜在的なニーズにせよ，何らかの課題を体系

化したうえで，それに対して創造的な工夫により解決策を導くことは，新たな価値を生み出すイノベーションにほかならない。

しかも，デザインに関する専門教育を受けたデザイナーの志向そのものがイノベーションの創出に向いている。デザイナーには表現者としての自覚を持っている者が多く，自分の成果を際立ったものにするために，目に見えているニーズよりは，あまり気がつかれていなかったニーズに注目した発想をしがちである。例えば鷲田（2014）が行ったアンケート調査では，日本のデザイナーは顧客のニーズを追うよりは，顧客に潜在的ニーズに気づかせることを重視していることがわかった。

このような着眼点で始まった製品開発活動では，単に製品としてのイノベーションが生まれるだけでなく，コア技術のイノベーションが生まれることがある。これはニーズ起点，顧客起点で製品が構想されるため，これまでにない技術が必要になってくる場合があるためである（吉岡（小林），2018）。

ケース　三菱電機・蒸気レス炊飯器

　三菱電機が2008年から販売を開始した蒸気レス炊飯器『NJ-XS10J』は，インダストリアル・デザイナーが革新的な製品のアイディアを生み出し，それに共感した技術開発部門と協働して開発を進め，炊飯の新たな機構を生み出し，革新的な製品デザインを有するヒット商品につながったものである。

　既存の炊飯器は蒸気を出し，その結果，家具を傷めてしまうことが課題であった。そのため，炊飯器は他の調理家電と一体的に配置することができなかった。しかも，蒸気の処理の関係上，形状がフルフェイス・ヘルメット状にならざるを得ず，冷蔵庫，電子レンジなど直方体形状が中心的な調理家電の中で一体感がないものとなっていた。これに問題意識を持ったインダストリアル・デザイナーが，2004年に蒸気が出ないことを要点とする音楽コンポのような炊飯器をコンセプトモデルとして提案したところ，家電分野の基礎研究部門の技術者の共感を得て，蒸気を排出しない炊飯器の探索的研究を行うに至った。

　ところが，排気機構の改変に焦点を当てた当初の探索的研究ではうまくい

かなかった。一時の研究の中断を経て，2006年にビルトイン型の冷却機構を模索したところ，想定外に小さな冷却機構を実現可能であることがわかり，技術者とインダストリアル・デザイナーが協働して開発を進めたところ，小型の水冷式冷却機構の開発に成功し，フラットな上部を有し，キッチン家具の中に設置可能な炊飯器が完成したのである。この炊飯器は販売後10か月で4万台以上も販売される大ヒット商品となった。

図表8－9　三菱電機『NJ-XS10J』

（出所）　三菱電機株式会社Webサイト

●注

1　同一の製品・サービス分野の別の商品・サービスラインに利用する場合を含める考え方もある。
2　有効回答数は37にとどまっており，回答の細かな差はあまり意味を持たない。
3　プリント＆プロモーション「【この人に聞きたい！】パッケージにもファン熱狂!?「明治 ザ・チョコレート」明治　山下舞子専任課長」
　　https://p-prom.com/company/?p=25626

■参考文献

（日本語文献）

財団法人産業研究所・株式会社日本総合研究所（2006）.『デザイン導入の効果測定等に関する調査研究』.
田中洋（2017）.『ブランド戦略論』有斐閣.
ブリジット・ボージャ・ド・モゾタ＝河内奈々子＝岩谷昌樹＝長沢伸也（著）（2010）.『戦

略的デザインマネジメント－デザインによるブランド価値創造とイノベーション－』同友館.
延岡健太郎（2005）.『MOT（技術経営）入門』日本経済新聞社.
宮尾学（2013）.「三菱電機株式会社「蒸気レス IH NJ-XS10J」の開発」神戸大学大学院経営学研究科Discussion Paper Series 2013-16.
森永泰史（2016）.『経営学者が書いたデザインマネジメントの教科書』同文会出版.
吉岡（小林）徹（2018）.「革新的な製品に含まれるデザイナー発の技術イノベーション」『マーケティング・ジャーナル』38(1)，21-37.
鷲田祐一（2014）.『デザインがイノベーションを伝える：デザインの力を活かす新しい経営戦略の模索』有斐閣.

（翻訳文献）

デービッド・**アーカー**（著）＝陶山計介＝梅本春夫＝小林哲＝石垣智徳（訳）（1998）.『ブランド優位の戦略──顧客を創造するBIの開発と実践』ダイヤモンド社.
ハルトムット・**エスリンガー**（著）＝黒輪篤嗣（訳）（2010）.『デザインイノベーション デザイン戦略の次の一手』翔泳社.
ケビン・レーン・**ケラー**（著）＝恩蔵直人＝亀井昭宏（訳）（2000）.『戦略的ブランド・マネジメント』東急エージェンシー出版部.
フィリップ・**コトラー**＝ヴァルデマール・**ファルチ**（著）＝杉光一成（訳）（2014）.『コトラーのイノベーション・ブランド戦略』白桃書房.
ロベルト・**ベルガンティ**（著）＝佐藤典司（監訳）＝岩谷昌樹＝八重樫文（監訳・訳）＝立命館大学経営学部DML（訳）（2012）.『デザイン・ドリブン・イノベーション：製品が持つ意味のイノベーションを実現した企業だけが市場優位に立つ』同友館.
ロベルト・**ベルガンティ**（著）＝安西洋之（監修）＝八重樫文＝立命館大学経営学部DML（訳）（2017）.『突破するデザイン あふれるビジョンから最高のヒットをつくる』日経BP社.

（英語文献）

Design Council (2018). *Designing a future economy*. Design Council.
　　https://www.designcouncil.org.uk/sites/default/files/asset/document/Designing_a_future_economy18.pdf
Homburg, C., Schwemmle, M., & Kuehnl, C. (2015). New product design: Concept, measurement, and consequences. Journal of Marketing, 79(3), 41-56.

第Ⅲ部　イノベーションの収益化とマネジメント

第9章

イノベーションの源泉の創出を促すためのマネジメント

本章で学ぶ内容
- イノベーションの源泉であるアイディアを生み出すものは何だろうか？
- どのようにすればアイディアを生み出しやすくできるのだろうか？
- アイディアをイノベーションとして実現するときに何が障壁になるのだろうか？
- どのようにすればその障壁を乗り越えられるのだろうか？

　どのような付加価値に着目したイノベーションが重要で，その付加価値をどのように収益に結びつけるかについて，これまで議論してきた。ただ，付加価値を生み出すような製品・サービスを作ること，プロセス・イノベーションやマーケティングのイノベーションを実際に社会に出すことは容易ではない。本書の最後の章となるこの章では，何が障壁になり，それを組織として乗り越えるために何をするべきかを，心理学，組織論，技術経営学の知見を総合して議論する。

9.1　個人の創造性

　1990年代以前の創造性の研究は，個人的な問題解決能力などの人の気質に重点を置いていた。しかし近年は，創造性はより柔軟に変化するもので，訓練によりスキルとして身につけることができるものと考えるようになり，どのような環境や文脈が人の創造性に影響を及ぼすかについても研究が進められている。この他にも，心理学，行動科学，経済学の多くの研究によって，個人の創造性

が企業等の組織のパフォーマンスに多大な影響を与えることが示されてきた。そこで個々の創造性を高めるために，経営者らは成果連動型の報酬や評価システムを導入するなど，様々な外的報酬の制度設計を行ってきた。

創造性研究の第一人者であるテレサ・アマビル（Teresa Amabile）教授は，特に企業等における労働者の創造性を「製品の改善や新しいプロセスの構築など，ビジネスのあり方に具体的な影響を及ぼすアイディアや知識を生み出す能力」と定義している。そのうえで，モチベーション，専門性・専門能力，創造的思考スキルの3つが，個人の創造性を発揮するための重要な要素であると結論づけている。

それでは，モチベーションとは何か。モチベーションとは，人が行動を起こし，一定の方向や目標に向かって行動するときに欠かせない機能のことを指す。つまり，あらゆる行動には何らかのモチベーションが起因していることになる。モチベーションには，内的報酬に反応して発生する内発的モチベーションと，インセンティブに代表される外的な報酬により発生する外発的モチベーションがある。

このように，個人を起点とした創造性と企業等における成果の関係を表すと，図表9-1のようになる。今述べたように，報酬やモチベーションには外的，内的といった概念があるため，図表のように表現した。現在でも，矢印で示されたそれぞれの関係については，それがどのような機構で作用しているのか等，精力的に研究が進められている。

図表9-1 評価・報酬，モチベーション，知識創造，成果の関係図

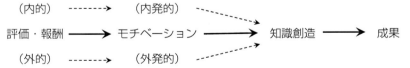

9.2 組織としての創造性とイノベーションの価値の認知

個人がいくら創造的な活動を行っても，それを新しい製品・サービスとして実現することや，既存の製品・サービスに応用することは容易ではない。個人

第Ⅲ部　イノベーションの収益化とマネジメント

ができることには限りがある。組織としての製品・サービス開発や改良の活動につなげることが必要だが，ここにいくつかの障壁がある。

代表的な障壁は，イノベーションが組織内で理解されないことと，イノベーションを実現する資源がないことである。これらの障壁は組織が既存事業を有する組織か，全くのスタートアップかでその強さが異なってくる。既存事業を有する組織では，イノベーションを実現する資源がある確率が高いが，せっかく資源が存在するのに組織内でそのイノベーションの価値が理解されず，資源を動員することができないということが起きやすい。これに対してスタートアップでは，イノベーションを実現することは決定できても，それに必要な資源が存在せず，仮に外部から動員しようとしても動員できないということが起きやすい（図表9－2）。

図表9-2　個人の創造的な着想を組織でイノベーションに結実する際の障壁

	既存企業	スタートアップ
イノベーションの価値の理解	問題になりやすい	問題になりにくい
イノベーション実現のための資源の動員	問題にならないことがある（資源が存在する場合がある）	問題になりやすい（資源が存在しないことが一般的）

9.2.1　イノベーションの価値が理解されない要因

イノベーションの価値が理解されないのは，組織が無知だからではない。組織としては合理的な理由で，そのアイディアが採用されないのである。その主な理由は2つある。

(1)　既存事業の慣性

スタートアップ企業でない限り，組織にはこれまで営んできた事業が存在する。特に既存事業と共食いを行ってしまうような製品・サービスである場合は，強烈な反対にさらされてしまう。既存事業で働いている従業員や取引先が存在する中，心情的にも，また，契約上も容易にそれらを捨て去ることができないためである。

第 9 章　イノベーションの源泉の創出を促すためのマネジメント

　新たな製品・サービスのアイディアが，既存事業の製品・サービスよりも明らかに優れているのであれば，反対を押し切ることもできるかもしれないが，そうでないならば，リスクを取らず，既存事業を優先するとの決定が行われても不思議ではない。第 4 章（4.4）で紹介した破壊的イノベーションが生じる背景には，このような合理性がある。

　共食いがなかったとしても，新製品・サービスに失敗のリスクがあったりすると，そのリスクを無理に取る必要はない，という判断が行われる。

　失敗の第一のリスクは，そこに投資したヒト，モノ，カネの取扱いである。製品にせよサービスにせよ，そこに行われる投資は金銭だけではない。新たな人を雇う必要があるかもしれないし，多くの時間を使うかもしれない。失敗に終わるとこれらが無駄になるだけでなく，その投資を埋め合わせる必要が出てくる。人については，特に日本では簡単に解雇することができないので，新たな仕事を作る必要が出てくる。時間については，その間に有利になった競合他社に対抗する必要がある。

　失敗の第二のリスクは，想定外の損害に対する法的な責任である。製品であれば提供者は各国で製造物責任を負っており，サービスであればそこから生じた損害の責任を負っている。何かの不具合や事故を起こした場合，収益を遥かに超える損害賠償の責任を負う可能性がある。

(2)　事業機会に関する探索的活動の不足

　第 6 章ではアンゾフのマトリクスを紹介し，事業機会の発見の効率を上げる方法について論じたが，市場の可能性の評価そのものについては，各組織に委ねられている。問題は，市場の可能性に対する解釈そのものには組織がたどってきた経験に縛られる傾向（経路依存性）があり，どうしても既存事業の発想から抜け出せないところにある。ジェームズ・マーチ（James G. March）教授の議論によると，これは従業員ひとりひとりが組織の文化に染まっていき，既存事業を維持する観点から同じような視点を持ち，同じような情報源を持つためである。

　これは既存の事業が不調になっていても変わらない。多くの場合，自組織の事業が不調になった理由は顧客や競合他社にあるという言い訳を用意してしま

う。センゲ（Senge）博士はその典型的な例として米国の自動車産業を挙げている。米国の自動車市場には1960年代から日本車が入り始めたが，日本車のシェアは1974年でも15%程度にとどまっていた。1980年代に22%になって米国の自動車産業は初めて自分たちの産業を批判的に見るようになったが，このときも「日本車は不当に安いのではないか」という声が大きかった。1990年には25%，2005年には40%近くにまで至った。この背景には，「なぜ売れなくなったか」についての適切な情報探索ができていなかったものと推測される。

　これらの結果，事業機会の探索方法も既存事業で培った資源を利用する方向に偏ってしまう（マーチ教授はこれを「深耕（exploitation）」と呼んでいる）。アンゾフのマトリクスでいうと「市場浸透戦略」が最も選ばれやすく，次いで「市場拡大戦略」「新製品開発戦略」が選ばれる。対になるものは，新たな資源の獲得が必要になる「探索（exploration）」である。

　組織として望ましいのは，深耕と探索の両利き（ambidexterity）である（He & Wong, 2004）。要は両方の活動をバランスよく行う必要があるのである。このことは50を超える実証分析で確認されているが，特にハイテク産業以外で重要であることがわかっている（石田・黒澤, 2017）。

9.2.2　イノベーションの価値の理解の不足を乗り越える方法論

(1)　スピンオフの活用

　既存事業を抱える組織の中で理解を得ることが障害であるのであれば，その組織の外に出てしまえばよい。ただ，スタートアップと変わらなくなり，今度はイノベーションを実現するための資源がなくなってしまうというのでは困るので，元の組織と適切な距離を保ち，元の組織の資源は利用できるが，介入はあまり受けないという形での独立が望ましい。単なる子会社では介入を受けてしまうため，役員を送り合う，株を相互に持ち合うという程度の付き合い方が適切である。このような独立をスピンオフ，または，カーブアウトと呼んでいる。

　世界的にスピンオフの活用で有名な企業がコピー機メーカーのゼロックス社である。同社は新しいイノベーションの種になりうる事業を積極的にスピンオフさせた。レーザープリンター，グラフィック・ユーザー・インターフェース

(特にマウスでの操作),光ディスク（CD-ROM, DVD-ROM）の元となるアイディア,IoT（Internet of Things）の元となるアイディアはすべてゼロックス社の研究所であったパロアルト研究所から出ている。

日本では,富士電機,富士通,ファナックが興味深い事例である（図表9－3）。3社はいずれもスピンオフ企業であり,それぞれの分野でのトップメーカーとなっている。

ただし,スピンオフやカーブアウトの活用は世界的にあまり進んでおらず,十分な知見が積み重ねられているとはいえない状況である。前述のゼロックス社からの知見は導出されているものの,同社ですら十分に機会を活かしきれていなかった。

図表9-3　古河グループのスピンオフの系譜

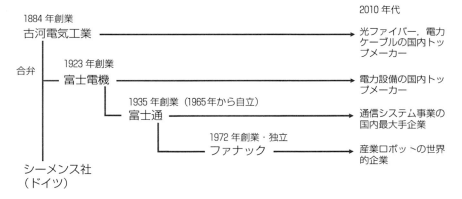

(2) **学習する組織づくり**

組織自体を探索的にすることも重要である。1990年代から主張されているものが「学習する組織」である。これは,社会に与える価値について組織内で共有し,その価値を達成する因果関係と,その価値の達成を阻害する因果関係を俯瞰的に洞察し,組織やチームでの協働と学習を繰り返しながら,価値を実現する事業づくりや事業運営を行うものである（センゲ,2011）。重要なのは,俯瞰的な洞察,つまり,自組織の視野にとらわれない社会全体の観察と,協働や学習を促進する組織文化づくりであるとされている。ただし,学習する組織で

論じられているのは，組織の文化の作り方の指針に近いものであり，具体的にどうすればよいかについては詳細に述べられていない。

近時，共通の価値観を定めたうえで，組織の構成員の自主性を尊重し，組織としての失敗を繰り返し，進化をしていくことを重視する組織である「ティール組織」の重要性を説くものがある（ラルー，2018）。大きな方向性としてはセンゲ博士のいう学習する組織と一致していると考えられる。行動経済学を根拠にどのような決まりや組織が自発的な進化を促すかが論じられており，より踏み込んだ手がかりが得られる。

(3) 15%ルール，ヤミ研

ただ，組織の歴史が長い場合，そこに染み込んだ文化はなかなか変えられない。公式な制度を導入して変化を促したいという場合の選択肢となるのが，一定の割合の活動を構成員の自主的な活動に割り当てて良いとする制度，それから，非公認の製品・サービス開発や改良の取り組みの許容である。

一定の割合の活動を構成員の自主的な活動に割り当てて良いとする制度で，著名な企業は，化学品や電子・電気部品の素材メーカーである３Ｍ社である。同社は20世紀の半ばから研究者に対して勤務時間の15％を好きな活動にあてて良いというルールを定めており，これを促すために，本社で15％の時間で考えた技術的アイディアや商品のアイディアを発表する場も設けてきた。これにより，世界的なヒットとなった，粘着付箋紙『ポストイット』を生み出した。

この取り組みに倣ったのがグーグル社である。同社は技術者に少なくとも勤務時間の20％を業務外の他のプロジェクトにあてることを求めた。これによって，メールサービスの『Gmail』，ニュース配信サービスの『Google News』，さらにはウェブ広告の評価システムである『AdSense』が開発された。

非公認の製品・サービス開発や改良の取り組みで最も著名な成功事例が，中村修二博士による青色発光ダイオードの開発である。1980年代，日亜化学工業に勤めていた中村博士は名古屋大学の赤崎教授，天野教授の窒化ガリウムによる青色発光ダイオードに関する基礎研究を知り，これを製品化するべく当時の社長に掛け合い，中規模な同社では破格の３億円の研究資金を基に研究プロジェクトを開始した。しかし，その後，社長の交代を経て経営方針が変わり，

研究の中止を事実上求められた。にもかかわらず，中村博士は研究を続け，プロジェクトメンバーの貢献もあり，実用化に成功した[1]。青色発光ダイオードは同社に大きな利益をもたらした。しかも，その功績は後にノーベル物理学賞の受賞につながった。

このような取り組みは，前述（9.2.1）の深耕と探索の両利きを実現させる典型的な手段である。ただし，「学習する組織」に挙げたような組織文化がなければ有効に機能しない点は課題である。15％ルールにせよ20％ルールにせよ，本来業務を担当する上司からはあまり良い評価をされない可能性があり，ヤミ研に至ってはマイナスの評価をされる可能性もある。同僚からも「遊んでいるのであれば本業に集中してほしい」という思いを持たれてしまうと，機能不全を起こしてしまう。

(4) デザイン思考アプローチ，人文科学型アプローチ

以上の方法は，個人の創造性を損なわない方法ではあるが，組織として創造的なアイディアを積極的に作る方法論を提示しているわけではない。近年，組織としてラディカル・イノベーションを起こすための方法論についての議論が活発に行われている。中でも注目され，実務でも応用されているものがデザイン思考である。

デザイン思考は，次のプロセスから成り立っている。
・潜在的顧客の生活や行動を文化人類学の手法（エスノグラフィー）を用いて観察し，潜在的なニーズを分析する
・潜在的なニーズを解決する手段について，様々な背景を持つメンバーから成るチームでブレインストーミング（ワークショップ）を行う
・デザイナーが行う活動に倣い，得られたアイディアの試作を早期に，簡易に行い，実現可能性や効果の検証，改良点の発見を行う
・ブレインストーミングと試作を繰り返し，より良いアイディアに発展させる

このデザイン思考は，シリコンバレーに拠点を持つデザイン・コンサルタント会社のアイディオ（IDEO）社が提唱したアプローチであり，マイクロソフト社やP&G社，日立製作所，資生堂など幅広い企業が採用している。

本書の視点でデザイン思考を解釈すると，潜在的なニーズの分析は自組織の慣性から逃れた事業機会の探索に効果的な手段である。様々な背景を持つメンバーを集めることは，イノベーションを実現するための知識資源獲得の可能性を増やす（詳細は9.3）。試作を行うことは，それによって「百聞は一見にしかず」が達成でき，組織内・組織外の合意形成（詳細は9.4）の手助けになる。イノベーションの着想と実現の手段として理にかなっている。

これとは別に，先入観や固定観念を捨てた，人間についての洞察から着想すべきであるという考えも現れている。人文学では，人間の表現物や行動から，人間の本質的な欲求の洞察が行われている。これに基づく思考を重視せよという見解（マスビェア&ラスムスセン，2015），それと，そのような洞察を行っている人間を入れたチームでの対話（ディスコース：discourse）を行うべきであるという見解（ベルガンティ，2012；2017）が存在する。この方法論では，製品・サービスの全く新しい意味を生み出すことが主眼になっている。

この方法を用いることで，著しく新しく，しかしながら，的確に事業機会を捉えている着想を生み出すことが期待できる。ただし，あまりに新しいアイディアである場合，組織内の理解が得られにくくなる。この点を乗り越えるために，トップのコミットメントか，資源動員のための合意形成（詳細は9.4）を活用する必要がある。

ケース　レゴの復活

デンマークの玩具メーカー・レゴ社は世界的に有名な企業であることはいうまでもないが，2004年に苦境に陥った経験がある。1980年代からテレビゲームを始めとするデジタル玩具が普及し，レゴ・ブロックで遊ぶ子供が減ってしまったことが主たる要因であったが，もう一つの要因は，そのような変化に対応するため，レゴ・ブロックを使ったテーマパーク，テレビゲームなど多角化した事業がいずれもうまくいかなかったことにあった。2004年の赤字額は300億円を超え，当時の売上1,200億円に比べて非常に大きな赤字を出すことになり，倒産も間近であると言われていた。

そこで，同社はデザイン思考に則り，子供たちをエスノグラフィーの手法

で詳細に調査することにした。アンケート調査等で子供たちを調査すると，平均的にはレゴ・ブロックなどでじっくり遊ぶ時間がないことはわかっていた。デジタル玩具で遊ぶ時間やテレビを見る時間が増え，その他の玩具に振り分ける時間が少なかったのである。しかし，エスノグラフィーを用いて詳細に観察すると，4割の子供はむしろたくさんの時間があった。しかも，そのような子供たちの間では，努力をし，それによって友達からかっこいいと思ってもらえることが重視されていることがわかった。また，同時に，子供だけの秘密，大人から逃れられることも重要であることがわかった。

そこで，あえて時間がかかる複雑なブロックモデルや，一見すると消防車だが，工夫すると武器のような形になるブロック・キットを開発し販売をした。これによってレゴは復活の道を歩み始め，2018年には5,000億円近い売上を誇る会社に成長した。

9.3　組織としての知識の獲得

組織としてイノベーションの源泉に資源を配分することに合意形成できたとしても，イノベーションを実現するための物的・人的資源，そして，知識がなければ，実現はできない。特に知識の資源は，形があるものではないため，その確保が難しい。ここでは知識の資源の獲得方法について要点を述べる。特に重要な知識は，製品・サービスの価値を生み出す核となる技術（コア技術）と，製品・サービスの製造・提供に関わるプロセス技術である。

9.3.1　組織内の知識の共有と創出：知識のマネジメント

(1)　製品・サービスの実現に必要な知識と保有者，共有の必要性

製品・サービスの実現には様々な知識が求められる。この知識は，組織内・外の様々な専門部署・専門組織に蓄積されている。主要な知識と，それに関連する組織内の部署，外部の組織を挙げると図表9－4の通りである。これを少人数ですべて持つことは難しく，必然的に専門家を配置し，その専門家がその分野の最新の知識を追いかけ続けたほうが合理的である。

図表 9-4　知識の保有部門・組織

知識	関連する部署・組織
・市場機会 ・マーケティング	・マーケティング部門 ・マーケティング・コンサルタント
・コア技術	・研究開発部門 ・大学・研究機関
・プロセス技術	・研究開発部門 ・製造部門 ・流通部門
・原材料，部品	・調達部門 ・材料供給企業 ・部品供給企業
・流通	・流通企業 ・小売企業
・顧客	・カスタマー・リレーション部門 ・販売部門 ・販売店
・競合他社	・経営企画部門 ・戦略コンサルタント
・法令，規格	・法務部門 ・法律事務所
・知的財産権	・知的財産部門 ・特許事務所
・財務・経理 ・税務	・経理・財務部門 ・税務事務所 ・会計事務所 ・金融機関

　しかし，それによって誰がその知識を持っているかわかりにくくなるうえ，それぞれの情報伝達に手間がかかるようになる。この弊害の解決策の1つが，知識を第三者が理解できる形で客観化し，それを文字や絵で記し，書かれた（描かれた）もの（これを形式知化という）として共有するというやり方であ

る。

　ところがこれには欠点がある。知識を持っているそれぞれの専門家に知識を形式知化する動機が多くの場合，不足している。しかも，多くの場合，知識には文字や絵で表しきれていない側面がある。「こういう条件でなければうまくいかない」「こういう手順であると失敗が少ない」という情報は，文字や絵にした本人には当たり前であえて形式知にしないか，本人の存在意義を残すためにわざと形式知にしないということが起こりがちである。

　組織内での知識の共有の仕方については，次のような方法があるが，効果的な方法は必ずしも定まっていない。これらの取り組みが機能するには，積極的に組織内で交流する文化や情報を共有する文化が重要になる。

- 発表会などを行う
- インフォーマルな交流の場を持つ
- 知識を書き込む情報システムをつくる
- 組織内に点在する知識を把握するための責任者を設ける

　知識そのものを共有するよりは，誰が何を知っているかがわかっていればよい，という指摘もある。新製品開発ではそのような知識があるほうが，すばやく開発ができ，質の高いものが出来上がる傾向があることを示した研究もある（Akgün, et al., 2005）。このような知識は，トランザクティブ・メモリー（transactive memory）と呼ばれている。

　トランザクティブ・メモリーが有効な理由は，仮にその人が知らなくても，その人の知り合いを紹介してもらえることが期待できることにある。人のつながりは，図に示したようなネットワーク構造を採っている。特にいろいろな人のつながりを持っている人に情報を尋ねると，より幅広い情報が得やすい。

　このつながりは，近年はソーシャル・ネットワーキングサービスを使って可視化できるようになった。世界中の人は5人の仲介者を経ればつながる（6人目で行き着くことから，「6次の隔たり」と呼ばれる）と言われている。必ず6人目でつながるわけではないが，5～7人を経ればつながるほど，世界は思ったより小さいのである。実際，Facebookのユーザーデータを使った分析では平均4.7人でつながっていた（Backstrom, et al., 2012）。人のつながりが有効なことを物語る有力な証拠と言えるだろう。

図表 9−5　人のつながりのネットワーク構造

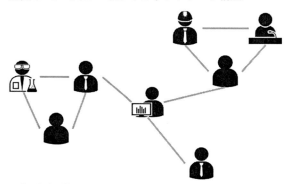

（画像出所）　Flaticonに掲載されたFreepik氏のアイコンを基に作成

(2) **知識の創出をどのように組織として促すか**

　今ある知識を共有するだけでなく，新しい知識を創り上げていくことも重要である。どのように組織として新しく有益な知識を生み出していくかについては，野中郁次郎教授と竹内弘高教授がSECIモデルとしてフレームワークを提示している（野中・竹内, 1996）。

図表 9−6　SECIモデル

	暗黙知	暗黙知	
暗黙知	共同化（Socialization） 経験や思いなどの暗黙知を共体験によって個人の間で共有する	表出化（Externalization） 暗黙知を対話を通じて形式知に変換していく	形式知
暗黙知	内面化（Internalization） 体系化された知識を実践することにて新たな暗黙知を個人が獲得する	結合化（Combination） 形式知を組み合わせて体系的な形式知を作り出し組織の資源とする	形式知
	形式知	形式知	

（出所）　野中・竹内（1996）

SECIモデルによると，個人が経験や学びから得た知識が暗黙知（言葉に表すことができない知識）として蓄積される。これが「共同化」である。それが，他の人との共同作業などによって，他の人との間で共有される。そのように緩やかに共有された暗黙知が，対話の中で徐々に形式知（言葉や絵で表された知識）に変換されていく。これが「表出化」である。この後，組織の中で形式知が体系化されていき，有益な知識として成立する。これが「結合化」である。この体系化された知識が個人によって実践され，新たな暗黙知が生み出される。これが「内面化」である。この内面化の後に再び共同化が始まり，さらなる知識の創造が促される。

重要なのは共体験や対話，知識の体系化が行われる場の存在であり，このような場を持つ組織としての仕掛けや文化があるかによって，企業による知識創出の程度が決まってくる。ただ，どのような制度や組織設計にすればよいかは，組織文化や事業領域によってまちまちである。野中教授らの書籍では具体的な方法論には踏み込んでいない。Dalkir（2015）などの概説書に当たる必要がある。

近年，オフィス内に部門を越えたくつろぎの場を設けることで，創造性が促されるという議論が広がっている。このような場は知識の共同化や対話，体系化に資するものであり，これが1つの具体的な方策であると考えられる。

9.3.2 産学連携による知識の獲得

技術の基盤となる科学的な知識や人文科学の知見については，大学を活用することが有効な手段であると世界的に認識されている。特に技術的なイノベーションを基に，革新的な事業を展開した企業であるヒューレット・パッカード社，シスコシステムズ社，グーグル社はいずれもスタンフォード大学の研究成果が元になっている。

ただ，大学は教育と学術研究という役割を持った組織であり，連携をするにあたっては両者の文化の差異に注意が必要である。

日本での産学連携の代表的な成功事例の1つは，京都大学の本庶佑教授らの研究チームと小野薬品工業が共同で開発を行ったガンの免疫治療薬「オプジーボ」であろう。1992年に研究チームの石田靖雅准教授（当時は大学院生）に

よって発見された分子に目をつけ，小野薬品工業は共同研究を開始した。1998年にその分子が免疫の働きを抑制していることを見つけ，さらに翌年にはその分子がガン細胞の表面に存在する場合が多く，これによってガン細胞が免疫からの攻撃を逃れていることを見つけた。もしこの分子の働きを抑えることができれば，ガン細胞を免疫の働きによって抑えることができる。このような薬を小野薬品工業と粘り強く開発し，2006年になってようやく治験を開始することができた。共同研究を始めて15年もの年月をかけて実用化に至り，オプジーボは革新的なガン治療法を支える薬として広がりつつある。2018年にはこの業績が評価され，研究チームの代表であった本庶教授はノーベル賞を受賞した。

産学連携は大企業との間だけで，また，技術開発に関してだけ行われているものではない。地域の企業と地域の芸術・美術・デザイン系大学との間との連携で生まれている事例も報告されている。

9.3.3　オープン・イノベーションの活用

すでに第4章（4.7）で述べたオープン・イノベーションも，知識の資源の不足を補う効果的な手段である。特にスタートアップや中小企業では，知識資源を有したパートナーとの連携が多くの場合で欠かせない。このとき，有効な知識の共有を実現するためには，相互に便益のある関係性の構築が重要である。

9.4　組織内・組織間での合意形成

イノベーションに対する合意形成の手段としては，武石・青島・軽部（2012）が体系的な整理を行っている。

まず，誰が合意形成のきっかけになっているかで3パターン存在する。
- 経営トップによる正当化
- 組織内での（地道な）合意形成
- 組織外での承認や組織外からの圧力などを契機とした組織内での合意形成

また，どのような合意形成であったかで2パターン存在する。
- 元々の理由が認められた
- 別の理由で合意形成できた，元々の理由が変化して合意形成できた

第9章　イノベーションの源泉の創出を促すためのマネジメント

　注目すべきは，ときには学会発表で競合他社から評価されるなど，自社の認識が誤っている可能性に気づかせたり，対抗心を煽るきっかけによっても組織内で合意形成ができるという点である。また，ときには複数の理由を使い分けることも必要である。例えば，1995年に発売されたカシオ計算機の薄型デジタルカメラ『QV10』の開発事例では，もともとデジタルカメラ開発に失敗した経験がある同社内ではデジタルカメラの開発が認められなかったため，カメラつきテレビの開発という建前で関係部署を説得している。

　イノベーションの実現には様々な人が関わる。人には感情がつきものである。しかも，イノベーションに取り組まないことの合理的な理由もある（9.2.1(1)参照）。それだけに，説得の手法には工夫を凝らさなくてはならない。

●注

1　その後，日亜化学工業と中村博士は訴訟で発明の対価を争うことになったためか，中村博士の青色発光ダイオードの開発の経緯についてはいくつかの説がある。ここでは判決で認められた事実や訴訟以前に行われた主要新聞・雑誌のインタビュー記事などを基に記述したが，異なる見解がありうることは留意いただきたい。

■参考文献

（日本語文献）

石田大典・黒澤壮史（2017）．「組織の双面性がパフォーマンスへ及ぼす影響：メタアナリシスによる研究成果の統合」『組織科学』51(2)，28-37．

金間大介（2015）．「モチベーションの科学：知識創造性の高め方」創成社．

金間大介・西川浩平（2014）．「外的報酬とイノベーション活動の成果に関する実証研究」『日本知財学会誌』10(3)，14-25．

武石彰・青島矢一・軽部大（2012）．『イノベーションの理由―資源動員の創造的正当化』有斐閣．

（翻訳文献）

ピーター・M・センゲ（著）＝枝廣淳子＝小田理一郎＝中小路佳代子（訳）（2011）．『学習する組織：システム思考で未来を創造する』英治出版．

野中郁次郎・竹内弘高（著）＝梅本勝博（訳）（1996）．『知識創造企業』東洋経済新報社．

ティム・ブラウン（著）＝千葉敏生（訳）（2010）．『デザイン思考が世界を変える―イノベーションを導く新しい考え方』早川書房．

ロベルト・ベルガンティ（著）＝佐藤典司（監訳）＝岩谷昌樹＝八重樫文（監訳・訳）＝立

命館大学経営学部DML（訳）（2012）.『デザイン・ドリブン・イノベーション：製品が持つ意味のイノベーションを実現した企業だけが市場優位に立つ』同友館.

ロベルト・ベルガンティ（著）＝安西洋之（監修）＝八重樫文＝立命館大学経営学部DML（訳）（2017）.『突破するデザイン あふれるビジョンから最高のヒットをつくる』日経BP社.

クリスチャン・マスビュア＝ミゲル・B・ラスムセン（著）＝田沢恭子（訳）（2015）.『なぜデータ主義は失敗するのか？：人文科学的思考のすすめ』早川書房.

フレデリック・ラルー（著）＝鈴木立哉（訳）＝嘉村賢州（解説）（2018）.『ティール組織――マネジメントの常識を覆す次世代型組織の出現』英治出版.

（英語文献）

Akgün, A. E., Byrne, J., Keskin, H., Lynn, G. S., & Imamoglu, S. Z. (2005). Knowledge networks in new product development projects: A transactive memory perspective. *Information & Management*, 42(8), 1105-1120.

Amabile, T. M. (1983). *The social psychology of creativity: Springer Series in Social Psychology*. New York, NY, U.S.A.: Springer.

Amabile, T. M. (1998). How to kill creativity. *Harvard Business Review*, 76(5), 77-87.

Amabile, T. M. and Kramer, S. (2011). *The progress principle: using small wins to ignite joy, engagement, and creativity at work*. Boston, MA, U.S.A.: Harvard Business School Press.

Backstrom, L., Boldi, P., Rosa, M., Ugander, J., & Vigna, S. (2012). Four degrees of separation. arXiv, arXiv: 1111. 4570.

Dalkir, K. (2015). *Knowledge management in theory and practice (Second Edition)*. Boston, MA, U.S.A.: The MIT Press.

He, Z. L., & Wong, P. K. (2004). Exploration vs. exploitation: An empirical test of the ambidexterity hypothesis. *Organization Science*, 15(4), 481-494.

March, J. G. (1991). Exploration and exploitation in organizational learning. *Organization Science*, 2(1), 71-87.

さらなる学びのために

　ここでは，さらに学びを深めたいと思われる読者の皆さんのために，お勧めの本をご紹介します。

(1) イノベーションとは何か？を学ぶならば

　第Ⅰ部では経済学の観点からイノベーションとは何か，どのように捉えるべきかを論じてきました。この観点の書籍は少なく，初学者向けの概説書は限られています。

　イノベーション全体を取り扱ったものではないですが，伊神（2018）はわかりやすい解説を加えている数少ない書籍です。専門的な見地からプロダクト・イノベーションを議論したものとしては大橋（2014）があります。

　消費者起点のイノベーションとしては，『リード・ユーザー・イノベーション』の考え方を論じたフォン・ヒッペル（2005），小川（2013）を参照されるとよいでしょう。

　なお，経営学の観点では，市場構造，特に，競合他社との関係性についても重要な論点です。ただ，非常に戦略的で高度な内容となるため，本書では基本的な言及にとどめています。より詳細に学びたい場合は，「ビジネス・エコシステム」や「ビジネスモデル」をキーワードに文献に当たるとよいでしょう。

　ビジネス・エコシステムについては，イアンシティ＆レビーン（2007）やアドナー（2013）がわかりやすいと思います。より具体的な産業について学びたい場合は，技術的な標準規格が関係する分野に限られますが，立本（2017）がよいでしょう。同書はより具体的なビジネス・エコシステムについてその成立の条件を探求しています。第Ⅲ部で登場した知的財産戦略とビジネス・エコシステムの組み合わせを議論した書籍としては，妹尾（2009）と小川（2015）が著名です。

(日本語文献)

伊神満（2018）．『「イノベーターのジレンマ」の経済学的解明』日経BP社．

大橋弘（2014）．『プロダクト・イノベーションの経済分析』東京大学出版会．

小川紘一（2015）．『オープン＆クローズ戦略 日本企業再興の条件 増補改訂版』翔泳社．

小川進（2013）．『ユーザーイノベーション：消費者から始まるものづくりの未来』東洋経済新報社．

妹尾堅一郎（2009）．『技術力で勝る日本が，なぜ事業で負けるのか―画期的な新製品が惨敗する理由』ダイヤモンド社．

立本博文（2017）．『プラットフォーム企業のグローバル戦略―オープン標準の戦略的活用とビジネス・エコシステム』有斐閣．

(翻訳文献)

ロン・アドナー（著）＝清水勝彦（訳）（2013）．『ワイドレンズ―イノベーションを成功に導くエコシステム戦略』東洋経済新報社．

マルコ・イアンシティ＝ロイ・レビーン（著）＝杉本幸太郎（訳）（2007）．『キーストーン戦略 イノベーションを持続させるビジネス・エコシステム』翔泳社．

エリック・フォン・ヒッペル（著）＝サイコム・インターナショナル（訳）（2005）．『民主化するイノベーションの時代』ファーストプレス．

(2) 競争力強化のためのマーケティングを学ぶならば

　マーケティングについては，小川（2009）や石井・嶋口・栗木・余田（2013），和田・恩蔵・三浦（2016）が入門書としてよく用いられています。分厚いものにはなりますが，より学びたい読者には，世界中で使われている教科書であるコトラー＝ケラー（2014）をお勧めしておきます。

　組織の壁を越えて知識と資源を結集しイノベーションを実現することに焦点を当てた「オープン・イノベーション」の考え方は，製品・サービスの差別化品質の追求の場面でも役に立ちます。中でも，チェスブロウ（2004）や米倉・清水（2015）は有益でしょう。イノベーションに関する主要論点を概説してい

る近能・高井（2011）も品質の追求の観点についてわかりやすくまとめられています。実務家向けの事例中心の概説書である星野（2015）も参考になるでしょう。ただし，同書は発明起点のイノベーションが主眼となっています。

（日本語文献）
石井淳蔵・嶋口充輝・栗木契・余田拓郎（2013）．『ゼミナール マーケティング入門 第2版』日本経済新聞社．
小川孔輔（2009）．『マネジメント・テキスト マーケティング入門』日本経済新聞社．
近能善範・高井文子（2011）．『コア・テキスト：イノベーション・マネジメント』新世社．
星野達也（2015）．『オープン・イノベーションの教科書――社外の技術でビジネスをつくる実践ステップ』ダイヤモンド社．
米倉誠一郎・清水洋（編）（2015）．『オープン・イノベーションのマネジメント――高い経営成果を生む仕組みづくり』有斐閣．
和田充夫・恩藏直人・三浦俊彦（2016）．『マーケティング戦略 第5版』有斐閣．

（翻訳文献）
フィリップ・コトラー＝ケビン・レーン・ケラー（著）＝恩藏直人（監修）＝月谷真紀（著）（2014）．『コトラー＆ケラーのマーケティング・マネジメント 第12版』丸善出版．
ヘンリー・チェスブロウ（著）＝大前恵一朗（訳）（2004）．『OPEN INNOVATION――ハーバード流イノベーション戦略のすべて』産能大出版部．

(3) **価値の源泉を安定的な収益につなげるプロセスを学ぶならば**

　ブランドについては，まずはアーカー（1998）が著名な教科書と言えます。また，コトラー＝ファルチ（2014）や田中（2017）は実務的な観点も交え，かつ，最新の事例を踏まえた解説をしていて有益です。知的財産権を使った保護については，丸島（2011）や鮫島・小林（2017）が実務的観点も交えた解説を行っています。

組織内のイノベーションのマネジメントについての概説書としては，野城（2016）があります。組織としてのアイディアの創出方法については，横田（2016）が実践的な議論を行っています。学術的な観点では，ベルガンティ（2017）は新たな視点を提供してくれています。組織としての合意形成については，武石・青島・軽部（2012）が詳細な研究を行っています。楠木（2010）は，着眼点は本書とは違っていますが，様々な人の心を動かすという点で参考になるのではないでしょうか。

（日本語文献）

鮫島正洋・小林誠（2017）．『知財戦略のススメ コモディティ化する時代に競争優位を築く』日経BP社．

楠木建（2010）．『ストーリーとしての競争戦略──優れた戦略の条件』東洋経済新報社．

武石彰・青島矢一・軽部大（2012）．『イノベーションの理由──資源動員の創造的正当化』有斐閣．

田中洋（2017）．『ブランド戦略論』有斐閣．

野城智也（2016）．『イノベーション・マネジメント：プロセス・組織の構造化から考える』東京大学出版会．

丸島儀一（2011）．『知的財産戦略』ダイヤモンド社．

横田幸信（2016）．『INNOVATION PATH イノベーションパス』日経BP社．

（翻訳文献）

デービッド・アーカー（著）＝陶山計介＝梅本春夫＝小林哲＝石垣智徳（訳）（1998）．『ブランド優位の戦略──顧客を創造するBIの開発と実践』ダイヤモンド社．

フィリップ・コトラー＝ヴァルデマール・ファルチ（著）＝杉光一成（訳）（2014）．『コトラーのイノベーション・ブランド戦略』白桃書房．

ロベルト・ベルガンティ（著）＝安西洋之（監修）＝八重樫文＝立命館大学経営学部DML（訳）（2017）．『突破するデザイン あふれるビジョンから最高のヒットをつくる』日経BP社．

おわりに

　本書は，イノベーションを生み出し，それを収益につなげるまでの流れと，流れの中でのそれぞれの段階で何が意識されるべきかを，様々な視点によるリレー形式で伝えてきました。

　もともとこの試みは，バックグラウンドの異なる3人の研究者による対話からスタートしています。山内勇は，3人の中では最も学術的分野がはっきりしたストレートなキャリアの持ち主で，学部時代から経済学の理論や方法論を学びながら，その分析のターゲットとして知財政策やイノベーション・マネジメントと出会い，力を発揮してきました。本書では主に第Ⅰ部を担当しています。

　第Ⅱ部を担当した金間大介は，もともと応用物理学の出身です。コツコツと仮説検証を繰り返す巨大実験系の応用物理学研究室で博士号を取得したのち，科学技術そのものよりも，それを世に広める仕組みに興味を持ち，イノベーションやマーケティングについて独学で学ぶとともに，社会科学者として研究を進めてきました。

　吉岡（小林）徹は3人の中では最も若く，山内や金間が研究対象としたイノベーション論を，大学院のプログラムとして学ぶ機会を得ました。ただし，その道のりは平易とは程遠く，学部および修士課程では法律を学び，その後シンクタンカーとして多忙な日々を送ったのち，博士課程（技術経営戦略学）に進学し，学位を得ています。したがって，吉岡は主に第Ⅲ部を担当しましたが，この内容は山内や金間にとっても最先端の研究対象ともいえるでしょう。

　かつての学術界では滅多に見られなかった，このような出自の異なる3人のコラボも，イノベーション研究の世界では珍しくありません。というより，これが日常的であるとさえいえます。

　異分野の人とのコミュニケーションは，それだけでも大変です。思考，文化，言葉使いまでが異なります。しかし，そういった人たちが1つの目標を共有したとき，大きな実りが得られる可能性が高まります。実はこのことは，学術的にも実証されています。例えばLakhani et al. (2007) は，ある技術課題を解

決する際，当該技術と同じ専門分野の研究者よりも，全く異なった専門分野の研究者のほうが，課題解決率は10％高くなることを発見しました（その他一連の研究業績により，Lakhaniはハーバード大学ビジネススクール教授のポストを得ています）。

　今回の我々3人の挑戦は，まだまだ十分なものではなく，むしろ至らない箇所ばかりとなっています。しかし，やはり始めてよかったと今は思います。「イノベーションの仕組みを解明する」というミッションは，途方もなく手強く，気の遠くなるような戦いです。その一方で，これ以上ないと思えるほど，とても楽しい。まさに相手にとって不足なし。生涯をかけてチャレンジしたいと思います。

　最後に，本文中では，細かい抜け落ちやミス，認識の誤り，単純な誤解等いくつもあるかと思います。勝手なことを書いているというお叱りもあるかもしれません。これらはすべて筆者らの勉強不足によるものです。今後とも，ご意見・ご批判等頂戴できると幸いです。

Lakhani, K. R., Jeppesen, L. B., Lohse, P. A. and Panetta, J. A.（2007）. *The value of openness in scientific problem solving*. Harvard Business School Working Paper.

謝辞

　本書は，科学研究費補助金16K03894（金間），18K01636，および，17K03721（山内），16K17162（吉岡（小林））の成果の一部である。

索　引

英　数

ROA ································ 124
SCPパラダイム ···················· 28
SECIモデル ······················· 198
TFP ································· 33

あ　行

アンゾフのマトリクス ············ 106
移行期 ······························· 27
意匠制度 ·························· 151
インタビュー調査 ················ 117
インテリア・デザイン ······ 158, 159
営業秘密 ···················· 152, 153
エクステリア・デザイン ··· 158, 159
エスノグラフィー ······ 117, 193, 194
オープン＆クローズ戦略 ········· 75
オープン・イノベーション ··· 78, 200
オープン化のパラドクス ········· 79
オスロ・マニュアル ·················· 3
オムニチャネル ··················· 122
オンリーワン・ターゲティング ··· 121

か　行

海賊版 ······················ 144, 145
価格競争 ···························· 76
価格支配力 ···················· 18, 36
価格弾力性 ······················ 108
学習する組織 ················ 191, 193
寡占市場 ··························· 23
観察法 ····························· 117
感性的な価値 ························· 6
完全競争市場 ······················ 17

企業の社会的責任 ················ 69
機能性表示食品制度 ·············· 90
キャラクター ····················· 159
供給曲線 ···························· 21
競合志向型 ······················ 133
均衡 ································· 21
クレイトン・クリステンセン ········ 70
限界収入 ···························· 31
限界費用 ···························· 30
コア技術 ·························· 155
広告 ······························· 135
効率性 ······························ 22
考慮集合 ···························· 48
コスト積上型 ····················· 133
固定期 ······························· 27
固定費用 ···························· 30
コピーキャット ··················· 146
コモディティ化 ················ 76, 77

さ　行

サイコグラフィック ·············· 120
ジェームズ・マーチ ·············· 189
事業機会の発見 ·················· 105
市場スキミング・プライシング ··· 132
市場ペネトレーション・プライシング
 ·································· 132
持続的イノベーション ············· 70
実験法 ····························· 118
質問調査 ·························· 116
社会厚生 ···························· 16
社会余剰 ···························· 22
需要曲線 ···························· 21
需要志向型 ······················ 134

209

需要の価格弾力性 ……………… 37
需要の先食い ………………… 137
シュンペーター仮説 ……………… 25
消費シーンマップ ……………… 123
商標制度 ……………………… 150
情報の粘着性 …………………… 56
深耕 …………………………… 190
深耕と探索の両利き …………… 190
人的販売 ……………………… 137
垂直的製品差別化 ……………… 38
水平的製品差別化 ……………… 38
スタートアップ ………………… 188
スピンオフ ……………… 190, 191
生産性のジレンマ ……………… 27
制度品流通 …………………… 128
製品テリトリー ………………… 39
セールス・プロモーション …… 136
セオドア・レビット …………… 68
セグメント …………………… 119
絶対価値 ……………………… 69
専有可能性 …………………… 160
全要素生産性（TFP）………… 33
創造性 ………………… 186, 187

　た　行

ターゲティング ……………… 120
体験型マーケティング ………… 95
竹内弘高 ……………………… 198
脱成熟化 ……………………… 28
探索 …………………………… 190
知的財産権 …………… 145, 147
知名集合 ……………………… 48
チャネル戦略 ………………… 127
著作権 ………………………… 151
ティール組織 ………………… 192
ディスコース ………………… 194
デザイン ……………… 157, 175
デザイン思考 ………………… 193

デモグラフィック ……………… 119
テレサ・アマビル……………… 187
独占市場 ………………… 22, 24
独占的競争 …………………… 23
特定保健用食品 ………………… 90
特許制度 ……………………… 149
共食い ………………………… 43
トランザクティブ・メモリー…… 197

　な　行

ナショナル・ブランド ………… 121
入手可能集合 ………………… 48
野中郁次郎……………………198

　は　行

パーソナライゼーション ……… 97
破壊的イノベーション ………… 70
パブリシティ ………………… 138
ピーター・ドラッカー ………… 63
ビジネスモデル ………………… 79
付加価値率 …………………… 84
不公正な競争行為 …………… 152
プライベート・ブランド ……… 131
プラットフォーマー …………… 130
ブランド ……………………… 163
ブランド拡張 ………… 172, 173
プロセス・イノベーション …… 31
プロセス技術 ………………… 155
プロダクト・イノベーション … 24, 179
プロダクト・ライフサイクル … 72
分化型ターゲティング ………… 121
平均費用 ……………………… 30
ペルソナ・マーケティング …… 94
変動費用 ……………………… 30
ヘンリー・チェスブロウ ……… 78
ポジショニング ……………… 122

ま　行

マーケティング・コミュニケーション戦
　略 ……………………………………… 170
マーケティング・コンセプト ……… 65
マーケティング・プロセス ………… 114
マーケティング・リサーチ …… 63, 116
マーケティングの定義 ……………… 61
マーケティングの4つのP ………… 127
マス・カスタマイゼーション ……… 96
マス・ターゲティング …………… 120
マス・プロダクション …………… 96
満足過剰 ……………………………… 51
無消費 ………………………………… 51

や　行

モジュール化 ………………………… 79
模倣品 …………………………… 144, 145

ユーザーイノベーション …………… 52
ヨーゼフ・シュンペーター ……… 3, 63

ら　行

ライセンス ………………… 156, 159, 171
リードユーザー ……………………… 52
利潤 …………………………………… 16
流通経路 …………………………… 127
流動期 ………………………………… 27
労働生産性 …………………………… 33

著者紹介（50音順）

金間　大介（かなま・だいすけ）
（第5章，第6章，第7章，おわりに）

金沢大学人間社会研究域経済学経営学系
（兼）同大学院人間社会環境研究科経済学専攻准教授

横浜国立大学工学部卒業，同大学院物理情報工学専攻博士課程修了（博士（工学））。バージニア工科大学大学院客員研究員，文部科学省科学技術・学術政策研究所研究員，北海道情報大学准教授，東京農業大学准教授を経て，2018年より金沢大学に勤務。研究・イノベーション学会編集理事，日本知財学会事務局員，組織学会員，日本マーケティング学会員。

専門は，技術経営論，イノベーション論，産学連携論，マーケティング論，知財マネジメントなど。ケーススタディからアンケート調査データを用いた定量分析まで幅広く行う。主な著書に「食品産業のイノベーション・モデル：高付加価値化と収益化による地方創生」（創成社），「モチベーションの科学：知識創造性の高め方」（創成社），「技術予測：未来を展望する方法論」（大学教育出版）など。

山内　勇（やまうち・いさむ）
（はじめに，第1章，第2章，第3章，第4章）

明治大学情報コミュニケーション学部准教授

早稲田大学政治経済学部卒業，一橋大学大学院経済学研究科博士課程単位取得退学（博士（経済学））。

知的財産研究所研究員，文部科学省科学技術・学術政策研究所研究員，メルボルン大学客員研究員，独立行政法人経済産業研究所研究員を経て，2016年より明治学院大学に勤務。特定非営利活動法人イノベーション・政策研究所副理事長。

専門は，イノベーションの経済学，法と経済学，知的財産制度。特許データを用いた制度分析を得意とする。主たる著作に"An Economic Analysis of Deferred Examination System: Evidence from a Policy Reform in Japan"（*International Journal of Industrial Organization*誌，2015年），"Does the Outsourcing of Prior Art Search Increase the Efficiency of Patent Examination? Evidence from Japan"（Research Policy誌，2015年）。

吉岡（小林）徹（よしおか（こばやし）・とおる）
（序章，第8章，第9章，さらなる学びのために）
一橋大学イノベーション研究センター講師

大阪大学法学部卒業，同大学院法学研究科博士前期課程修了，東京大学大学院工学系研究科技術経営戦略学専攻博士課程修了（博士（工学））。
株式会社三菱総合研究所研究員，一橋大学イノベーション研究センター特任講師を経て2017年より東京大学に勤務。
専門は，知的財産マネジメント，デザイン・イノベーションのマネジメント，産学連携マネジメント，科学技術政策。特許・意匠データを用いた開発組織分析を得意とする。主たる著作として"The validity of industrial design registrations and design patents as a measurement of "good" product design: A comparative empirical analysis,"（World Patent Information誌，2018年），「革新的な製品に含まれるデザイナー発の技術イノベーション」（マーケティング・ジャーナル誌，2018年）。

イノベーション&マーケティングの経済学

| 2019年4月20日 | 第1版第1刷発行 |
| 2023年11月20日 | 第1版第3刷発行 |

著 者　金　間　大　介
　　　　山　内　　　勇
　　　　吉　岡（小　林）　徹

発行者　山　本　　　継

発行所　㈱中央経済社

発売元　㈱中央経済グループ
　　　　パブリッシング

〒101-0051　東京都千代田区神田神保町1-35
電　話　03（3293）3371（編集代表）
　　　　03（3293）3381（営業代表）
https://www.chuokeizai.co.jp
製　版／三英グラフィック・アーツ㈱
印　刷／三　英　印　刷　㈱
製　本／侑井　上　製　本　所

Ⓒ 2019
Printed in Japan

＊頁の「欠落」や「順序違い」などがありましたらお取り替えいたしますので発売元までご送付ください。（送料小社負担）

ISBN978-4-502-30081-3 C3034

JCOPY〈出版者著作権管理機構委託出版物〉本書を無断で複写複製（コピー）することは，著作権法上の例外を除き，禁じられています。本書をコピーされる場合は事前に出版者著作権管理機構（JCOPY）の許諾を受けてください。
JCOPY〈https://www.jcopy.or.jp　eメール：info@jcopy.or.jp〉

本書とともにお薦めします

新版 経済学辞典

辻　正次・竹内　信仁・柳原　光芳〔編著〕　　四六判・544頁

本辞典の特色

- 経済学を学ぶうえで，また，現実の経済事象を理解するうえで必要とされる基本用語約 1,600 語について，平易で簡明な解説を加えています。

- 用語に対する解説に加えて，その用語と他の用語との関連についても示しています。それにより，体系的に用語の理解を深めることができます。

- 巻末の索引・欧語索引だけでなく，巻頭にも体系目次を掲載しています。そのため，用語の検索を分野・トピックスからも行うことができます。

中央経済社